地势坤，君子以厚德载物。

知道点世界历史

汪淼——著

中国友谊出版公司

图书在版编目（CIP）数据

知道点世界历史 / 汪森著. -- 北京 : 中国友谊出版公司, 2021.6

ISBN 978-7-5057-5243-6

Ⅰ. ①知… Ⅱ. ①汪… Ⅲ. ①世界史－通俗读物
Ⅳ. ①K109

中国版本图书馆CIP数据核字（2021）第106044号

书名 知道点世界历史
作者 汪　森
出版 中国友谊出版公司
发行 中国友谊出版公司
经销 新华书店
印刷 北京盛通印刷股份有限公司
规格 880×1230毫米　32开
10印张　232千字
版次 2021年8月第1版
印次 2021年8月第1次印刷
书号 ISBN 978-7-5057-5243-6
定价 45.00元
地址 北京市朝阳区西坝河南里17号楼
邮编 100028
电话 （010）64678009

序

余秋雨

这套“知道点”丛书，邀我写序。我对丛书的名称有点好奇，一问，明白了他们的意思，就决定写了。

原来，这套丛书里每一本的标题，都以“知道点”开头，如《知道点中国历史》《知道点中国文化》《知道点世界文化》……落脚点都显得宏大，而着眼点却很谦虚，显出青年作者的俏皮。中外文化是万仞群峰，我们不应该畏其高峻而仓皇躲开，更不应该看了两眼就自以为已经了如指掌。我们所能做的是，恭敬地在山脚下仰视，勤快地在山道口打听，简单说来，也就是：知道点。

首先，不知道是可惜的。区区五尺之躯，不以文化群峰作为背景，只是一种无觉无明、平庸卑琐的生理存在。人凭文化与外界进行不同层次的沟通，并通过文化证明自己是谁，对此，即使文化程度不高的人也有一种荣辱感。记得有一次中央电视台举办全国直播的青年艺术人才大奖赛，比赛中有一项文史知识测试。结果出乎意料，几亿观众对这一部分的关注远远超过比赛的主体项目，全国各省观众对于自己省派出的选手在艺术技能上的落败并不在乎，却无法容忍他们居然答不出那些文史知识的试题。由此可知，直到今天，很多人还是习惯于在文化上寻求自身尊严和群体尊严的，这很不错。

但是，紧接下来的问题是，又必须提防人们对于文史知识的沉溺。沉溺，看似深入，实则是一种以文化名义制造的灭顶之灾。中国从明清之后一直有一批名人以引诱别人沉溺来谋生，很不道德。因此，必须在文化的群峰间标画一些简明的线路，在历史的大海中铺设一些浮标的缆索，使人们既领略山水之胜又不至于沉溺。这种做法用一种通俗用语来表述，就是不必知道得太多、太杂、太碎、太滥，只需“知道点”。

“知道点”，不是降低标准，而是提高标准。这就像线路的设定者一定比一般的逛山者更懂得山，缆索铺设者也一定比一般的游水者更熟识海。不仅更懂、更熟识，而且也更有人道精神，更有文化责任。

正是在这个意义上，我觉得这套“知道点”丛书是一项有价值的事业。新世纪的公民不可能全然舍弃人类以前创造的文化历史背景，却又不能让以前的创造来阻断今天的创造，因此应该有更多的山路划定者和缆索铺设者。只有这样，壮丽的历史文化才能真正成为新世纪的财产。

目 录

第四辑　古希腊

第五辑　古罗马

第六辑 中古时期的欧洲

第七辑 亚洲的昨天

第八辑 殖民时代

第九辑　近代英国

第十辑　法国资本主义革命

第十一辑　美利坚合众国

第十二辑　日本和俄国

第十三辑　德国和意大利

第十四辑　共产主义的发端

第十五辑　“一战”风云

第十六辑　“二战”档案

第一辑

尼罗河的恩赐

尼罗河孕育古埃及文明

古埃及是人类早期先进文明的代表，与古印度、古巴比伦、中国并称为“四大文明古国”。从位置上看，埃及恰好处于亚、非、欧三大洲的联络带，地处非洲东北部，东有红海，北临地中海，东北方则与西亚陆路相通。从地形上看，埃及的国土紧密分布在尼罗河周围。尼罗河发源于非洲中部，全长6670千米。它是古埃及文明的源头，同时也是为古埃及带来生命与繁荣的使者，如果不是每年7月到10月它都会定期泛滥，那么古埃及恐怕也不会拥有这样充沛的水源与肥沃的土地。

▲ 尼罗河流域

在尼罗河谷地，考古学家们发现了新石器时代的文化遗址，并从中发掘出大量的石斧、石刀、石锄和石镰等工具。历史学家据此推测：古埃及人大约是在公元前5000年以前就已经定居在尼罗河一带了。最初，他们的生活处于非常原始的阶段，所使用的工具也都比较粗陋。然后，他们将两岸的荆棘与草莽拔除，又挖渠筑坝，以河水来灌溉土地，并种植了各种各样的农作物，就这样，这个气候干燥的地区，一点点地变成了丰沃的粮仓。后来，居住在那一片区域的古埃及人慢慢地向尼罗河谷地一带靠拢，聚集成一个个的部落，最终形成了古埃及最早的小国家，并在公元前3200年左右，形成了统一的国家，几千年的古埃及文明史从此拉开了序幕。

历史上，通常把北部自开罗至地中海沿岸的三角洲地区称为下埃及，南部自苏丹边界至开罗的狭长谷地称为上埃及。最初的时候，古埃及是由若干个州组成的，因为在当时，水利设施对于农业的发展来说非常重要，而州实际上就相当于是一个个独立灌溉系统的小单位。当时，全埃及一共有40余个这样的州，每个州设有世袭制任职的州长，州长的权力范围包括祭祀、军事以及司法等，其职能相当于一个小国君；每个州都有自己的图腾和州神，祭司、军官以及听从州长指挥的其他上层人物，共同构成了州的统治阶级。

下埃及王国的范围包括以布陀州为中心的古埃及北部三角洲地区各州。下埃及国尊蛇为保护神，国徽是蜜蜂，国王（法老）头戴红冠。随着下埃及王国的出现，以尼赫布特为中心的上埃及也随之形成，该国尊鹰为保护神，国徽则为白色的百合花，国王戴的是白冠。

那时候，古埃及北部三角洲地区有许多沼泽，不便通行，因此各州之间相对是比较独立的，国王也很难掌控它们，这就导致虽然下埃及在文化发展方面比较兴盛，但在政治和军事上，它不如上埃及强大。而上埃及没有这种地理上的局限，因此国王能够更好地掌控各州，综合国力自然也就比较强盛，军事力量也较为强大，因此，上埃及逐渐成为当时古埃及居民最集中的地区。在这样的情况下，上埃及国王美尼斯终于在公元前3100年左右，向下埃及出兵，并统一了上、下埃及，开创了埃及历史上的第一个王朝。

据历史学家考证，埃及王朝的历史，从美尼斯统一埃及开始，到被希腊征服为止，可分为前王朝、早王朝、古王国、第一中间期、中王国、第二中间期、新王国、第三中间期、晚王国、托勒密王朝等时期。

在埃及王朝统一的早王朝时期，被征服的下埃及还没有彻底臣服于上埃及的统治，致使战争屡屡爆发。直至进入古王国时期，这些暴乱才逐渐平息下来，埃及王朝也才得以进入全盛时期。第三王朝时，为进一步控制下埃及，正式迁都孟菲斯。第四王朝、第五王朝时，相比早王国时期，法老的专制政权已经大为巩固。在这一时期，太阳神成为最高神，法老也开始自称是太阳神之子。在朝见法老时，大臣们必须匍匐于御座前，以胸贴地，用嘴唇去亲吻法老脚前的尘土，这样的礼仪充分体现出了法老对臣属无上的权威。

在古埃及，法老是最高统治者，各州的州长都由法老直接任命调遣。州长相当于法老在各地方的代理者，负责掌管全州的赋税、水利和司法，对于法老的一切政令都必须贯彻实施。法老以下是维西尔，相当于宰相，总揽全国司法、行政以及经济等重要政务，国王不在时甚至可以代行朝政。总而言之，维西尔的职责就是执行法老的指令，整个国家的行政、经济、司法、宗教等都在维西尔的职责范围之内。

在军事方面，军权可以说是法老专制王权的最重要支柱，所以，军队和军事机构的头目，通常都是从王族成员之中选拔的。那时候，军队里只有一个兵种，即步兵，配备武器为弓箭。古埃及人在东北边境西奈半岛和南方边境努比亚都设置了兵防，此外，为加强对全国的控制，还在国内各地都设有堡垒。

到了第四王朝时期，开始以太子为维西尔。太子帮助法老治理国家，能借此获得统治的经验，从而巩固王权。但人们的意识中其实还没有完全消除从前遗留下来的上、下埃及的划分。到第五王朝时期，法老增设了南部总督，专门负责统辖上埃及各州的军务和政务，而法老和维西尔则亲自负责统辖下埃及各州的军务和政务。

在文化方面，下埃及最先出现了文字。如画成三条波形的横纹，表示水流动的样子。后来，有一部分图形文字演变成了音节符号和旨意符号，再之后又有表示一音一符的字母，一共24个。这些符号组成的词组，则有600多个。古代埃及人将芦管制成了可以书写的笔，又用菜汁和烟渣调和成用于书写的墨，将字写在纸草上。

古埃及在建筑艺术方面的造诣也十分耀眼。在巴黎铁塔建成之前，埃及第四王朝的胡夫金字塔一直是世界上最高的建筑，被现代人誉为古代世界的奇观。著名的底比斯阿蒙神庙主殿就是在拉美西斯二世时建成的，总面积达到了5000平方米，殿中圆柱共134根，其中12根最高的圆柱位于正中间，高度达到了21米，每根柱顶上差不多可以容下100人。此外，埃及还有许多庄严宏伟的古建筑，在历史上也都非常有名，如拉美西斯二世墓、卢克索尔神庙、埃尔—阿玛尔纳的宫殿等。这些古代埃及统治者兴建的宏伟建筑主要是为了体现法老神权的无上地位。

除此之外，古埃及人在数学、艺术、天文以及医学等各方面都取得了很高的成就。 现在全世界通用的公历也是从古埃及的太阳历演变而来的，而木乃伊的制作则反映了古埃及人在人体解剖这一医学领域丰富的知识积累。

经过几度繁荣昌盛的发展之后，古埃及文明开始逐渐衰落。尤其是后来，随着波斯帝国的崛起，埃及逐渐退出了历史舞台。但在人类文明的发展史上，古埃及文明是从来不曾褪色的，是人类文明不可磨灭的珍贵遗产。

法老的转世之梦——金字塔

在遥远的东非地区，至今仍有80余座金字塔遗迹，它们矗立在尼罗河下游，遍布于今天的苏丹和埃及境内。金字塔是一种高大的三角锥体建筑物，底座呈正方形，每个侧面是三角形，样子有点像汉字的“金”字，所以在中文中称之为“金字塔”。这些金字塔和尼罗河风光成为古往今来众多游客眼中充满神秘色彩的美景，引来无数人流连忘返。那些慕名而来的游客心中最大的疑问就是：如此庞大的金字塔究竟造于何时？它们究竟是为何而建造的？在那个技术能力相对落后的时代，人们又到底是怎样将它建成的？

关于金字塔的建造过程，唯一的记载是希腊的史学家希罗多德所写的《历史》，他认为金字塔是由10万名劳力花20年时间才建成的。然而这本书问世时距离金字塔建成已经过去了足足2000年，其描述是否可信，引起了诸多历史学家的争论。后来，根据一代又一代考古学家及科学家们的研究推测，得出了一个基本能够让大多数人接受的说法：以当时的建筑条件来说，建造金字塔这样浩大的工程，至少需要数以万计的工人花费数十年时间才有可能完成。

考古学家结合各种因素以及历史文献中的点滴资料，推断出了建造金字塔的实际情形：10万名工人分工协作，四处搜集修建金字塔所需的石块，有一些是就地取材的，有一些则是从尼罗河西岸或亚斯文等地开采之后，再用小船经过尼罗河运过来的。由河岸到工

▲ 埃及金字塔

地的这一段路程，工人们需要用无数的圆木铺在道路上，然后用绳索拉动巨石在圆木干上滚动，慢慢地拖至工地。因为金字塔必须是一层一层往上垒，所以工人们必须随着金字塔的加高一点一点地加高路面，就这样，堆一层坡，砌一层石，仅仅用在修建斜坡上的时间就超过10年。修建金字塔是一项极为艰辛的工作，因此每3个月就要轮换10万名工人，除去修建斜坡的时间，堆砌巨石所用的时间也长达20年。其间轮换的工人数量，可谓不计其数。

那么，如此耗费人力、物力的金字塔，有着怎样的用途呢？这要从埃及法老的葬礼和陵墓说起。在古埃及第三王朝之前，法老去世，通常会建造“马斯塔巴”（阿拉伯语，意即“石凳”）来作为灵魂安息的地方。左塞尔是第三王朝的法老，他在位时，埃及国力十分强盛。在他看来，法老即便是死后，也应当得到最好的一切，而“马斯塔巴”显然体现不出法老的尊贵，因此，他便找来了杰出的建筑师伊姆霍太普，命令他为自己修筑一座高大而不朽的王陵。为了完成法老的嘱托，伊姆霍太普决定弃用泥砖，并让人从山上开采下许多巨大的方形石块，经过数次修改之后，伊姆霍太普终于拿出了一份令人惊讶的设计方案，并最终用那些巨大的石块，建成了一座高达61米的梯形金字塔。塔外以精致的白色石灰岩包裹，周围环绕着高大的祭祀殿堂。这就是我们今天所看到的金字塔的雏形。

到了古埃及第四王朝时期，随着建筑技术的日益精湛，法老们建造的金字塔越来越大，也越来越高。这期间，著名的胡夫、哈夫拉、孟考拉祖孙三代法老在开罗附近分别建造了三座规模较大的金字塔。

其中，胡夫金字塔高146.59米，底面呈正方形，占地面积达5.29万平方米，相当于七八个国际标准大小的足球场总面积；塔身大约由230万块巨石砌成，平均每块巨石重2.5吨，最大的一块重约160吨，全部石块总重量约为684吨，是所有现存的金字塔中规模最大的。虽然历经数千年岁月之后，它的顶端已经被侵蚀了近10米，但在1889年埃菲尔铁塔建成之前，它一直占据着世界上最高建筑物的宝座。

胡夫金字塔的神奇之处在于，建造金字塔的巨大石块之间没用任何黏着物，完全靠石块自身的重量堆砌在一起。塔身表面接缝处严丝合缝，甚至无法塞进一片锋利的刀片。正是这样别出心裁的设计，让金字塔即便历经数千年也仍旧稳稳地矗立在时光之中。另外，在胡夫金字塔塔身的北侧离地面13米高处有一个出入口，这个出入口的设计之精妙，令当今的建筑学家们都称赞不已。因为100多米高的金字塔仅由石块堆砌而成，如果出入口设计成常见的四边形，塔身的巨大重量将会把这个出入口压塌。而当时的工匠将出入口设计成了三角形，均匀地分散了压力，使得出入口的结构十分稳固。

在胡夫的大金字塔不远的地方，是胡夫的儿子哈夫拉的金字塔，塔的附近是那座举世闻名的“狮身人面像”，西方人称它为“斯芬克斯”。整个狮身人面像，只有狮爪是由石块砌成，其余部分则是直接开凿于一块巨大的天然岩石，雕着哈夫拉的头部和狮子的身体，高约22米，长约57米，面宽约5米，仅一只耳朵大约就有2米高。古埃及人认为狮子是地下世界大门的守护者，所以就造了这样一座狮身人面像为法老守护门户。时至今日，4500多年过去了，我们依然可以看出狮身人面像当年的宏伟。

孟考拉金字塔塔高仅66米，虽然也相当于今天20多层的高楼，但无论是规模还是名气，都比前两座要小得多。

那么，当年的法老们兴建规模如此庞大的坟墓，还有没有其他的目的和含义呢？这一直是个引人深思的问题，千百年来无数考古学家和历史学家在浩如烟海的历史文献中，苦苦地寻觅这个问题的答案。他们发现，法老在古埃及人心中就犹如人间的神，他带领人们在战争中取得胜利，为人民主持正义，并且管理国家，而金字塔对于古埃及人来说，也不仅仅只是坟墓那么简单，它还是太阳光线的象征，同时也是帮助法老到达天堂的阶梯。无数出色的雕刻家、工程师以及难以计数的工人都坚信，若是能为法老建筑起通往天堂的阶梯，那么必将得到法老的庇佑，所以，他们都是心甘情愿，甚至是心怀虔诚地为法老修建坟墓的。

当然，在政治层面上，金字塔也代表了上、下埃及的统一和强盛。因为有着一个中央集权的政府，所以法老才可以倾尽一国之力，去建造他的金字塔。不过，数千年过去了，当年的一切都已经烟消云散，对于时至今日依然高高矗立的金字塔，人们的理解用一句西方谚语来形容最恰当不过了：“青春不愿面对的是时间，而时间不愿面对的，是金字塔。”

公历的由来

众所周知，公历是我们现在所通用的历法，而公历的前身，实际上就是古代埃及的太阳历。那么，当年的埃及人是如何制定历法的？这要从当时的农业社会说起。气候条件对农业生产来说是非常重要的，什么时候耕作，什么时候播种，什么时候收获，这都是有说法和规律的。在一年中，只有选择好最适当的时机来进行耕作、播种与收获，才能保证田地的丰收。所以，想要提高农业生产，历法的确定就非常重要了。埃及人最初所制定的历法虽然名字叫作“太阳历”，但实际上与太阳并没有关系。

古埃及气候炎热，雨水稀少，且大部分的国土都被沙漠所覆盖，若是从自然条件来看，并不适合人类的生存和居住。但这一切因为尼罗河的存在而发生了天翻地覆的改变。在阿斯旺大坝建成之前，每年6月，尼罗河都会涨水，7月到10月则是泛滥期，大量的腐殖质随着洪水的泛滥，浇灌到两岸干涸龟裂的农田中，一直到11月，泛滥的洪水逐渐退去，乌黑肥沃的土壤才现出真容。可以说古埃及全仰仗尼罗河每年的定期泛滥，才得以延续下来，并且成为一个农业发达的地区。也正是出于这个原因，古希腊历史学家希罗多德把埃及称为“尼罗河的赠礼”。

由于尼罗河基本上每年都是定时定量涨水，从未造成过洪水滔天的灾难，因此，古埃及人开始试着结合水利灌溉系统来制定历法，指导农业生产。要知道，历法的主要内容是确定年、月、日的计算方法以及它们之间的关系。其中，比较容易确定的是日和月，而年的长度想要确定清楚却不太容易。因此，任何一种历法制定的基础都是确定以哪一天作为一年的开端。

在古王国时代，古埃及人发现：每次尼罗河开始泛滥的时候，在清晨太阳升起的地平线上，都能看到天狼星的出现（天文学上称为偕日升），于是，古埃及人把这一天定为一年的第一天。但是人们又发现，天狼星偕日升的周期与尼罗河泛滥的周期并不完全重合，而是随着时间的推移有少许误差，古埃及人经过推算证明，天狼星偕日升每隔120年正好相差一个月，而到了第1461年，偕日升那天又与尼罗河泛滥的周期重新准确地重合。在埃及神话中，天狼星又被称为天狗，所以这个1460年的周期也称为天狗周。

令人吃惊的是，古埃及人基于尼罗河泛滥周期的历法计算结果和今天的天文学计算相差无几，即以365天为一年，然后，把一年分为12个月，每个月30天，年终再加上5天作为节日。还把一年分为3季，即“泛滥季”“长出五谷季”和“收割季”，每季4个月，这样就形成了完整的太阳历。而根据今天的天文历法，一回归年为365.25天，120年过去则比古埃及人的太阳历多了30天，1460年之后就会多出来365天，正好接近于一年，这和古埃及人历法中“偕日升”与尼罗河泛滥的周期计算完全重合。可以说古埃及人制定出了这样精确的历法，与他们长期细致的水利记载和天文观测是密不可分的。

随着时间的推移，太阳历被带到了欧洲。公元前46年，罗马统帅儒略·恺撒（盖乌斯·尤里乌斯·恺撒）在太阳历的基础上编制出了儒略历。恺撒发现埃及太阳历中，每年大约存在四分之一天的误差，针对这一点，他在儒略历中作了一些调整：将年份分为平年和闰年，每4年设一个闰年，其中平年为365天，闰年为366天；一年有12个月，其中单月31天，双月中除2月在平年有29天，在闰年有30天之外，其他双月均是每个月30天。

恺撒死后，继承人奥古斯都为了彰显自己的不同，决定对儒略历做出修改，因为他的生日在8月，于是便将2月中的一天抽出，加在8月上，将8月也变成了有31天的大月。与此同时，他又相继把9月和11月定为小月，10月和12月则定为大月。完成这些改动之后，新的儒略历在每个月天数的划分上，基本上就和今天所使用的公历差不多了。

儒略历在欧洲通行了1600多年，人们发现，儒略历虽然比古埃及的太阳历有所进步，但与太阳运动的周期回归年之间，依然存在11分14秒的误差，这引起了学者们的注意和争论。

6世纪时，基督教徒将基督教创始人耶稣的诞生日称作公元元年。在拉丁文中，“公元”就是“主的生年”的意思，用英文表示就是“A.D”。这一年以前则被称为“公元前”，意思就是“基督以前”，用英文表示是“B.C”。按照教会的规定，一开始的时候，过春分月圆后的第一个星期日为耶稣复活节，可是到了16世纪下半叶时，春分已经和之前相差了10天之多，这样一来，我们就连耶稣究竟是哪一天“复活”的都很难搞清楚了。因此，对儒略历作进一步的改革，已经势在必行。

罗马教皇格列高利十三世曾组织过一批天文学家，专门负责儒略历的修改，这一次的修改看起来有些不可思议，因为教皇直接宣布将1582年10月5日到14日的10天删除，也就是说，10月4日之后，直接跳到10月15日，所以，1583年的春分又变成了3月21日，复归圆满。

除此之外，天文学家们又修改了“闰年”的概念。具体来说就是：以公元纪年为标准来进行闰年的设置，即每逢百年便用那一年的年份除以400，可以除尽的就是闰年，除不尽的就不是，如1600年是闰年，但1700年就不是。按照旧的闰年规则，400年中共计会有100个闰年，现在改为400年中有97个闰年，刚好弥补了11分14秒的年误差。这就是现在世界上通用的历法，人们称之为公历或格列历。

当然，格列历也不是尽善尽美的，随着后来数学和科学的发展，人们发现，每过3000多年，格列历就会存在一天的误差，而且每月的天数也同样是参差不齐的，没有较强的规则性。但我们坚信，随着科技的发展和天文学的进步，这些误差将会越来越小。

第二辑

两河流域的奉献

两河流域的兴衰

在世界史中，两河流域是古代人类文明的重要发源地之一。两河流域是亚洲西部、伊拉克全境、叙利亚北部和土耳其东南部的统称，由于这片土地位于底格里斯河和幼发拉底河中下游，所以希腊人称之为“美索不达米亚”，意思是“两河之间的地方”。

早在公元前4000年前后，苏美尔人就已经从伊朗高原一带迁徙到了两河流域。作为两河流域文明的先驱，苏美尔人很快就在两河流域建立起了规模较大的村镇和城市，他们运用自己掌握的先进灌溉知识，大力发展农业，并且建造起许多神庙。在这期间，苏美尔人发明了楔形文字。

最初，苏美尔人用两河流域盛产的芦苇和黏土来记录信息，因此，芦苇秆和黏土泥板就成了两河流域特有的书写工具。约在公元前3200年，苏美尔人将文字用削尖的芦苇秆或木杆刻在湿润的黏土材质做成的泥板上，在泥板上压出一个个楔形的笔画，再由笔画组成文字符号，然后用火烤干或者在太阳下晒干。由于组成文字的笔画是楔形的，所以这种刻在泥板上的文字就被称为楔形文字，又叫“钉头字”或“箭头字”。

作为象形文字的一种，楔形文字通常用两个符号合在一起来表示复杂的意义，如“眼”加“水”就是“哭”，“天”加“水”就是“下雨”等。而随着人们的需求增多，楔形文字的一个符号开始具有多种含义，成了表意符号，如原本的“足”只代表脚，后来又可以表示行走、站立；再到后来又发展出了表音符号，即一个符号也可以只表示一个音，如“星”这个楔形字，在称为表音符号以后发“嗯”的音，但它用来表示发音的时候，就已经不代表“星”这个含义了，只表示发音。后来，随着文字系统的发展，为了区别表意符号和表音符号，苏美尔人又发明了部首符号，相当于给文字加上一个前缀。比如，在人名前加一个特殊符号，表示这是一个女人的名字，等等。后来，两河流域的阿卡德人、巴比伦人、亚述人、赫梯人、波斯人等都曾先后借用这种书写方法和文字符号来记录本民族的语言。

公元前3500年左右，苏美尔人的城邦国家围绕着神庙建立起来。后来，随着这些城邦国家的发展和彼此竞争，战事不可避免地来临了。从公元前3000年到公元前2300年，两河流域这片土地上战事不断。最后，北方的阿卡德人于公元前2371年统一了苏美尔城邦，建立起一个存在了100多年的王朝。公元前2200年左右，来自叙利亚草原的阿摩利人开始登上历史舞台，他们骁勇善战、争强尚武，在攻占两河流域并且建立起自己的国家之后，他们以此为中心，南征北伐，四处征战，最终建立了一个强大的巴比伦帝国，历史上称之为“古巴比伦王国”，阿摩利人也因此被称为巴比伦人。

最初的古巴比伦王国领土面积非常有限，而且一直被笼罩在四周更古老而强大的城邦阴影下，如临近的亚述和埃兰。直到一个世纪后，一位传奇人物——汉穆拉比的出现改变了这一局面。作为古巴比伦王国的第六位国王，汉穆拉比在公元前1792年继承其父王辛-穆巴利特的权力时，巴比伦在美索不达米亚平原众多城邦中还并不起眼，在当时，众多城邦之间为了争夺富饶的土地和资源经常开战。然而不起眼的古巴比伦王国的国民却拥有一项其他王国的国民无法比拟的技能：读写。用现在的话说就是民众的文化水平比较高，无论是文学作品的流传广度还是法典的完善程度，都远远地超过了同期其他文明。也正是因为这个，古巴比伦文明在周围的城邦之中有着一定的影响力。

在汉穆拉比之前，古巴比伦的国王们已经开始着手统一两河流域中部，他们先后征服了博尔西帕、伊新和西帕尔等城邦。汉穆拉比继位时，古巴比伦文明正值繁荣的发展时期，他在位的前20年，整个王国相对和平，这给了汉穆拉比很大的发展优势。在这段时间里，他加高了防御敌人的城墙，扩建了支持人们精神的庙宇，着手统一两河流域。汉穆拉比采取了外交与征战相结合的策略，他在灭亡伊新之前先跟拉尔萨王国成为盟友，而需要征服拉尔萨王国的时候又跟马里结盟。就这样，汉穆拉比统一了除北部亚述王国之外的两河流域，并且将巴比伦作为都城。

汉穆拉比在统一巴比伦的过程中，表现了一个征服者的果敢和勇气，而建立起强大的中央集权奴隶主专政国家之后，汉穆拉比又展现了超强的管理能力。他总揽全国的立法、司法、行政、军事和宗教大权，亲自任命中央各部大臣，委派地方各级官吏。在中央和地方设置各种级别的法庭，如果有人不服法庭的审理结果，就可以上诉；在财政方面，整个社会各阶级都没有免除纳税的权力，特别是僧侣；适龄男子必须服役，否则将被处死；在经济发展上，他奖励农商，兴修水利，在波斯湾地区开凿了一条运河，这条运河让该地区大量的荒地变成了可以发展农业的田地，并且从根本上解决了附近城市经常面临的水患问题。

除此之外，为了加强对民众的控制，汉穆拉比开始大量地兴建神庙，并把自己加以神化，自称为伟大的天神的后裔。总之，汉穆拉比时期的巴比伦是非常兴盛的，人们可以看见豪华的宫殿、壮丽的神庙，幼发拉底河两岸铺设着方便人们往来的大桥，海上还有无数将货物运到各处的商船。巴比伦此时已经成为一个国际化的大都会，已经不仅仅是一座以政治为中心的都城了。苏美尔人和阿卡德人留下的文明遗产被巴比伦继承下来，并且继续发展。这一时期，就是美索不达米亚文明最辉煌的时期。

正是在这样的背景下，汉穆拉比根据国内新的社会经济关系，在各城邦原有的法典基础上，融合了阿摩利人的部落传统，制定了《汉穆拉比法典》。这部法典主要保护的是掌权者，如奴隶主、僧侣、商人、高利贷者，对劳动人民和奴隶来说只有更加严重的剥削。《汉穆拉比法典》是目前所知人类历史上第一部较完备的成文法典。

然而命运之神并没有过于眷顾巴比伦，汉穆拉比以后，巴比伦由于被赫梯人、喀西特人入侵，日渐衰落。大约600年以后，伊朗高原上强大的埃兰人经过长期的战争，击败了显赫一时的巴比伦王国，到公元前729年，古巴比伦王国终于被埃兰人所建立的亚述帝国吞并。后来，亚述帝国又被迦勒底人联合米底人推翻，在亚述帝国的废墟上，一个新的帝国诞生了。这个帝国仍然将巴比伦当作都城，所以被称为“新巴比伦”。

尼布甲尼撒二世统治时期是新巴比伦的鼎盛时期，在这一时期，新巴比伦两次攻陷耶路撒冷，并把大批犹太人当奴隶押往巴比伦，史称“巴比伦之囚”。古代世界七大奇迹之一的“空中花园”就是由犹太奴隶建造的，除此之外，重建的巴比伦城处处都有犹太人留下的痕迹。100多年以后，有着“历史之父”称号的希罗多德来到了这座犹太人重建的巴比伦城，他被这座城市的雄伟壮丽深深地震撼了，即便是在100多年以后，巴比伦仍称得上是最壮丽的城市。

历史的车轮滚滚向前，最终，新巴比伦王朝先后被亚述王国和后来的波斯打败，此后，古代两河流域再也没有出现过独立的、完整的国家。历史上，在两河流域辉煌一时的古巴比伦文明消亡了，但是这些文明印记却永远无法抹杀。

刻在石柱上的法律

1901年12月的一天，天气晴朗，由法国人和伊朗人组成的联合考古队伍像往常一样进行着发掘工作，这支考古队的主要任务是研究古波斯文化。这一天，他们在伊朗一个名叫苏撒的古城发掘出的石块轰动了整个世界——那是三块黑色的玄武岩，拼在一起，是一个完整的大石柱。底部圆周将近2米长，有2.25米高，石柱的上部是65厘米高的浮雕。浮雕内容清晰精致，惟妙惟肖，右边是端坐在宝座上的太阳神沙玛什，古巴比伦国王汉穆拉比就恭敬地站在古巴比伦最高神沙玛什的前面，等待沙玛什授予他象征帝王权力的权标。石碑的下半段，是用楔形文字刻写的法典铭文，这就是著名的《汉穆拉比法典》。

对于古巴比伦王国而言，汉穆拉比是一位有着伟大成就的传奇人物，在他统治时期，历法被确立，畜牧业得到了长足发展，河道得到了清理，航运也开始恢复；他还关心税收，勤于处理各种案件，在他的努力下，古巴比伦王国日渐强盛。在处理案件的过程中汉穆拉比发现，每天要处理的申诉案件太多，所以就命令下属将各地方以及其他时期的法律文献集合起来，融入当时人们的行为习惯，制定了一部成文法典。

这部法典由序言、正文和结语三部分组成。序言部分就镌刻在石柱上，即宣扬汉穆拉比受命于神；结语则是颂扬汉穆拉比的功绩。

我们所熟知的“以眼还眼，以牙还牙”，正是出自此部法典。所谓“以眼还眼，以牙还牙”，即法律所说的“同态复仇法”。比如，甲和乙发生了争斗，甲被乙打瞎了一只眼睛，那么甲就可以要求打瞎乙的一只眼睛作为赔偿；乙被甲打断了骨头，那么也可以要求打断甲的骨头。甚至有这样的规定：工匠为屋主建造房屋，如果房屋质量不过关，倒塌了，而屋主的儿子不幸被压死，那么工匠的儿子就要被抵偿给屋主。

显然，《汉穆拉比法典》维护的是私有财产，而拥有私有财产的往往是贵族阶级、奴隶主阶级，奴隶的权益不在法典维护的范围内，因为他们本身就是奴隶主的私有财产。比如，奴隶主将一个平民的眼睛打瞎了，平民不能要求也弄瞎奴隶主的眼睛，只能获得金钱上的赔偿；如果被弄瞎眼睛的是奴隶，奴隶主则一点儿也不用赔偿，因为奴隶本身就是奴隶主的财产。除此之外，管制奴隶是法典中非常重要的部分，如果一个奴隶不肯承认自己的主人，而他的主人又能够证明他是自己的奴隶，奴隶就要被割掉耳朵作为惩罚。法典甚至规定，奴隶不但要无条件地服从奴隶主，而且不允许冒犯自由民，如果打了自由民的嘴巴，也要处以割耳之刑。自由民阶级也不得冒犯奴隶主，即便是作为自由民的医生给奴隶主看病时奴隶主死了，医生也要被砍掉双手。

可见，这部《汉穆拉比法典》对奴隶主、自由民、奴隶有着不同的规定，本质上还是在维护不平等的阶级制度。此外，法典是非常重视商业和商人的，商人的财产和安全在政策上有很多优待。它规定，商人在外出经商的时候，不幸遭遇了强盗，损失了金钱和货物，可以从国王处得到赔偿。赔偿的前提只有一个，那就是商人必须对神明发誓。如果有人偷了商行的货物，被抓到后则必须处以死刑。

《汉穆拉比法典》在当时可以说是一部相对比较全面的法典，除了治安和商业纠纷之类的法令之外，还包括许多类似社会生活保障的法令，比如：确定基本商品的价格；限制借贷利率不得超过20%；如果不能侦破抢劫案或者凶杀案，那就要给被害者一定的赔偿；调解家庭矛盾；保证度量衡信誉等。此外，法典里还有一些保护妇女的条文。比如，男人如果毫无来由地用手任意指一个妇女，就被认为是对妇女的侮辱，除非能够证明被指的妇女有不轨的行为，否则这个男人就要被法官施以鞭刑，还要把他的头发和胡须剃去一半。如果一位丈夫限制了妻子的自由，或者是虐待了妻子，妻子有权利提出离婚，双方的子女由男方抚养。这些法律条文在今天看来也是相当有意义的，在保障妇女的权益上具有一定的超前性。当然，毕竟大时代的局限所在，这些法律条文还有其局限性，在法律条文当中被保护的人只有奴隶主和自由民，对奴隶是不生效的。

此外，法典当中还增加了很多对国家有利的条文，如游手好闲、通奸、窝藏逃亡奴隶，这些行为都是可以被判处死刑的。可以说，《汉穆拉比法典》是集两河流域古代法律的大成，是世界上最早的一部系统的成文法典，它适应了当时社会经济发展的需要，缓和了阶级矛盾，巩固了王权，对后来的法律也产生了一定影响。

最初，人们将《汉穆拉比法典》刻在了石板上，后来汉穆拉比又让人将法典刻在石柱上，并且将石柱立于巴比伦城，以使后人永远遵循。后来埃兰人入侵巴比伦，把石柱作为战利品运往埃兰首都苏撒古城，埃兰王国后来被波斯灭亡，之后便长埋于地下多年。

第三辑

古老的印度

古印度的种姓制度

印度的原住民本是达罗毗荼人，公元前1500年左右，中亚细亚一带的许多印欧语系部落，穿越了印度西北方的山口，迁居到印度河中游的旁遮普地区。随着迁入人口越来越多，这些剽悍的游牧民族居民反客为主，征服了当地的大部分达罗毗荼人。他们首先占领了印度“五河流域”，然后他们的脚步继续向东，最后征服了整个北印度。游牧生活显然不如农业生活安逸，于是他们就从游牧民族变成了农耕民族，过上了定居生活。由于这些入侵者大多是白种人，为了区别于当地皮肤黝黑的达罗毗荼人，他们自称“雅利安”，意为高贵者。

正是这样的种族对立，使种姓制度开始在印度萌芽。在梵语中，“种姓”这个词其实是“瓦尔那”（肤色）的意思，这也反映出了种姓制度的起源。由于征服者不想与被征服者拥有等同的社会地位，还因为雅利安人内部也开始有了贫富区别和地位的差异，在公元前11世纪，雅利安人将社会上不同身份的人划分成四个阶级，把雅利安人分成了婆罗门、刹帝利、吠舍三个等级，而达罗毗荼人成了首陀罗。等级被划分好以后，就成了固定的、森严的等级制度。这种等级制度从根本上超过了种族压迫的范畴，被称为“种姓制度”。

在种姓制度的四个等级之中，雅利安人中的祭司阶层组成了第一梯队，即婆罗门，他们是古代印度的精神统治者，世代执掌祈祷和祭祀，有时也参与政治；第二梯队则是由王族军事贵族组成的刹帝利，他们是古代印度的统治阶层，国王大多出于这个种姓；其余的雅利安人则组成了第三梯队——吠舍，他们虽然也是雅利安人，但地位相对低下，在社会中主要从事农、商、手工业；第四梯队自然是被征服的原住民，他们大部分都是奴隶，主要就是为上等种姓阶层服务，被称为首陀罗。

很显然，第一、二梯队是统治阶级，第三、四梯队是被统治阶级。种姓制度在刚刚出现的时候主要是为了区分社会分工，而在其他方面并没有具体的限制。到了公元前4世纪以后，种姓制度开始由社会分工演化为更多更深的层次。随着不同种姓间社会地位的差距进一步扩大，界限的不可触碰也越来越严格。低级种姓的人不可以冒犯高贵种姓的人，如果低级种姓的人辱骂高贵种姓的人，就会被人将铁水、滚油灌入口中活活烫死，令人发指；而高贵种姓则可以随意辱骂低级种姓的人。有历史文献记载，在当时的印度，如果人们走在街头看到身患重病气息奄奄的人，或者是有人出了意外事故被困，人们因不知其种姓，宁可眼睁睁地围观，眼睁睁地看着病痛和被困之人死去，也不敢轻易地动手救人。种姓制度对当时社会的影响之深，可见一斑。

然而种姓制度的发展并未到此为止，随着社会经济的发展，社会分工更加细致，在吠舍和首陀罗这样的低级种姓中出现了许多职业团体，并演化成独立的社会群体，又被称为“迦提”。可以说迦提的形成标志着种姓制度的复杂化和社会阶层压迫对立的严重性。比如，迦提之中的首陀罗被称为“不可接触者”，或叫贱民。贱民被认为出生就带有原罪，是不洁之人，所以，他们不能使用社会上的一切公共物品，包括水井、神庙、道路等，跟高贵种姓的人发生身体上的接触更是不可饶恕的。甚至有些高贵种姓的人不允许贱民进入他们的视野，看见贱民会觉得眼睛被玷污了。所以，贱民只能居住在很偏僻的地方，只能使用专门供给贱民的水井和庙宇。也注定只可从事那些被认为肮脏的职业，这些职业包括猎人、捕鱼人、屠夫、刽子手、掘墓人、承办丧葬者、制革工人和清道夫等。在高贵种姓的印度人看来，这些行业要么是玷污了某些神圣的仪式，要么是获取人或动物的生命，都是相对“下贱肮脏”的职业。

不过，高贵种姓的社会阶层之间也不是完全和平的，作为婆罗门和刹帝利，虽然都想要维护高贵种姓的统治权益，但相互之间争夺权力也是不可避免的。婆罗门声称自己是神明在人间的代行者，而刹帝利表示祭司不过是侍奉国王并与神明沟通的仆从罢了。纵观印度的历史，位列第一种姓的婆罗门的总体权势从未超越过世俗国王。

不过，即便是有矛盾，在维护统治阶级的特权这件事上，婆罗门和刹帝利依然无比团结，他们想方设法地给种姓制度披上神秘的宗教面纱。印度教古文献中说，四个种姓都是由印度传说中的原石巨人梵天所生，但出生的位置决定了不同种姓的贵贱地位。比如，梵天从口中诞生了婆罗门，梵天的双臂诞生了刹帝利，梵天的双腿诞生了吠舍，而梵天的脚下钻出了首陀罗。此外，婆罗门出生在梵天高贵的身体部位这一点还写入了古印度的《摩奴法典》，这也是在借力强调各个种姓的不平等地位。这样的种姓制度和贱民歧视，在印度的民族发展史上留下了深深的痕迹，直到今天都没有完全消除其影响。

伟大的阿育王

公元前4世纪左右，印度恒河平原上的摩诃帕德摩·难陀建立了难陀王朝。难陀王朝的摩揭陀建立了一支强大的军队，将整个恒河中上流域纳入了难陀王朝的统治，准备向印度河流域扩张，进而统一整个印度。然而不久之后，难陀王朝统一印度的进程被另一位风云人物打断了，他就是马其顿的亚历山大大帝。

公元前327年，亚历山大大帝率军队越过兴都库什山侵入西印度，取道呾叉始罗和拉瓦尔品第，向南部和东部推进，试图征服恒河平原。虽然摩揭陀国在国王难陀王的率领下顽强抵抗，但强大的马其顿军队稳扎稳打，一步步地推进着进攻的节奏。大约在公元前317年，一名出身刹帝利贵族、名叫旃陀罗笈多的青年横空出世，他率领印度军队，在恒河平原上击败了进攻西北印度的马其顿人的部队，并宣布了印度的自由。之后，他马上率领大军杀回了华氏城，终结了难陀王朝的统治，坐上了国王的宝座，建立了印度史上赫赫有名的孔雀王朝。

在旃陀罗笈多的治理下，孔雀王朝的实力日渐强大，尤其是军事力量，有3万骑兵、60万步兵、9000头战象。依靠强大的军队，孔雀王朝吞并了周边若干邻国，版图进一步扩大。公元前298年，旃陀罗笈多逝世，传位于其子频头沙罗。频头沙罗在开疆扩土这方面，比其父亲可谓有过之而无不及，传说他曾消灭了16个大城君主，只为扩大帝国的版图。

不过，大肆对外扩张也带来了不利于统治的一面。频头沙罗在位期间，印度各地叛乱频发，甚至影响到了孔雀王朝统治的稳固。约公元前273年，频头沙罗身染重病，当时朝中未立太子，一场争夺王位继承人的腥风血雨就此拉开帷幕。最后，18岁就被任命为阿般提省总督的阿育王脱颖而出，关于他的传说可谓多如牛毛，据说阿育王在争夺王位的过程中曾经谋杀兄弟姐妹近百人，最后终于获得了胜利。

约公元前269年，阿育王举行了正式登基典礼。即位之初，阿育王沿着父辈的脚步坚定地前行，企图通过军事力量来扩大自己的领土。相对于父辈，阿育王不仅在领土扩张上更激进，而且是有名的暴君，尤其是羯陵伽之战，更是表现了他极度残暴的一面。

羯陵伽位于孟加拉湾沿岸，良好的地理位置让其拥有非常独特的贸易优势，众多海外贸易让这个国家变得非常富裕，是南印度地区最强大的国家之一。约公元前262年，阿育王亲率大军大举进犯羯陵伽。羯陵伽的军事实力在南印度算得上是顶尖，但是相对孔雀王朝来说还是相距甚远，最终羯陵伽还是战败了。史书记载，城破之后，阿育王进行了无比惨烈的屠城，足足有10万羯陵伽人被杀，整座城血流成河，尸横遍野。至此，孔雀王朝的领土又进一步扩大，整个南亚次大陆除了南端以外，都被纳入孔雀王朝的版图，孔雀王朝变成了一个空前统一的庞大帝国。

然而，也正是这次惨烈的征服战争，改变了阿育王的性格和信仰。在羯陵伽之战结束后，他在全国发表了一个敕令，敕令中说：羯陵伽人民在战争中遭遇的苦难让他感觉到深深的痛苦和悔恨。后来他又表示既然战争已经结束了，那么接下来国家当中响彻的应该是

“法的声音”。“法的声音”响起后，阿育王再也没有发动战争，他将派往邻国的军队改成了佛教的僧侣，而阿育王的形象也从一个喜欢战争的暴君变成了一个仁慈的君主。

阿育王将佛教定为印度的国教，他大兴土木，在全国范围内兴建佛寺、佛塔，并且号召全国的僧人一起整理佛教典籍。他派出大量的王子和公主以及得道高僧去周边的其他国家宣扬佛教，前往锡兰的印度公主还带去了一根佛教圣树菩提的树枝，这根树枝在锡兰生根发芽，直到今天还能看到。

阿育王在位期间，佛教的传播范围迅速扩大，不仅是周边地区，就连遥远的中国、埃及、叙利亚、缅甸等国也都出现了佛教僧侣的踪影。他下令修建的佛塔多达8.4万座，还多次举行佛教大会，其中阿育王在位第17年的华氏城结集更是规模惊人。因为阿育王，佛教在印度国内外都得到了广泛的传播。

除了宣传佛教，阿育王在国家治理方面也有着不可磨灭的成就。他在各地修建运河和蓄水池，建立起较为完善的灌溉体系，有效地提高了农业产量；为了向民众灌输自己的政治理想，他用遍布各地的石柱和诏文来表明自己的决心，希望获得人民的支持。如今在印度西北地区以及东南海岸各地，都能看到这些诏文。它们是用多种文字书写而成的，被称为“阿育王诏敕”。除此之外，阿育王还修订法律，建立起无数医院和政治保护区；他将国家粮仓和仓库设置在城市主干道的交叉点附近，让人们在情况紧急时便于取用；他鼓励植树，在道路旁挖井，为人们设立专门的行人休息场所。此外，他还在政府内部设立了专门的达摩官吏，负责教导人们要虔诚，要与人为善、心怀友爱。这些人道的统治方法不仅给国家带来了强盛，而且给阿育王带来了极高的声望。

不过，在阿育王死后还不到15年的时间，孔雀王朝便衰亡了，此后多年再也不复阿育王时代的辉煌和荣光。但是从佛教传播的角度来说，阿育王对世界的影响是巨大的。他初登大宝时，佛教还只流行于印度西北的一小片地区，而当他死去时，印度各地已遍布佛教徒，而且其影响力还在不断地扩大，在很大程度上促进了佛教文化的昌盛和传播。

佛教创始人——释迦牟尼

释迦牟尼是佛教的创始人，他出家之前的名字叫乔达摩·悉达多。根据佛教传说，他的母亲摩耶夫人有一天突然做了一个梦，梦到一头长着6颗牙齿的大白象飞进了她的肚子里面，后来就生下了悉达多。释迦牟尼是喜马拉雅山山麓和恒河之间印度迦毗罗卫国释迦部落的王子，也是这个国家的太子，他的父亲是净饭王。据说悉达多的母亲在生下他之后没多久就去世了，真正抚养他长大的是母亲的妹妹摩诃波阇波提。

作为太子，悉达多16岁时和同龄的表妹结婚，之后一直在王宫里过着奢华的生活。虽然在旁人看来，悉达多的生活无比幸福，可是他看到很多人都生活得十分艰苦，即便是有钱的人家也难免经常遭受挫折和不幸。于是，他便开始思考更多关于人生和世界的问题。

悉达多29岁时做了父亲，当时全城都在庆祝净饭王得了孙子。然而悉达多却始终在思考另一个在他看来更重要的人生问题：生活中是否还有比转瞬即逝的快乐更为重要的东西？为了寻求答案，他决定放弃优越的生活，抛弃万贯家财，告别妻子和孩子，离开宫殿，成为一个一心一意地去寻求真谛的苦行者。悉达多的父亲无法劝说儿子回来，无奈之下只好派人一路跟随悉达多。在当时的印度，人们普遍认为极端的禁欲主义可以帮助一个人更快地接近真知，因此悉达多和侍者们在恒河流域苦行六年，参访了许多宗教界的名师，研习他们的理论和方法。然而最终，悉达多认识到，折磨自己的肉体只能使自己的头脑模糊不清，禁欲这种解决人生问题的做法终究是无法令人满意的，不可能使自己更接近真知。因此他抛弃了禁欲主义，恢复了正常饮食。

35岁那年，悉达多独自在菩提伽耶附近的一棵菩提树下打坐，思考人生和世界的种种疑问。经过连续七天七夜的冥想，他总结了无数所见所闻，终于在黎明到来之前参悟了人生无尽苦恼的根源以及解脱轮回的方法，于是立身成佛，号称释迦牟尼，又被人称作“佛陀”，这个名字的意思就是：彻底觉悟的贤者。

80岁时，释迦牟尼于拘尸那迦城涅槃，这时，他的名号已经响彻整个印度北方，无数皈依者对他顶礼膜拜，传颂他宣讲的人生观和世界观。为了方便普通大众口传和记忆，释迦牟尼生前一直采取偈颂的形式宣讲传道。后来，人们把释迦牟尼的话汇编成集，整理为由经、律、论组成的“三藏”。

▲ 释迦牟尼佛雕像

不过，近代学者认为其中有部分内容并非真正出自释迦牟尼之口，真正属于佛陀的说教的是最早的经典《经集》《如是语经》和《无问自说经》，其中也包括一些戒律条文。这其中的原因主要是，人们在整理释迦牟尼的说教成书时，释迦牟尼已经去世了好几百年，经过一代又一代的口口相传，难免会有误差。而且随着时间的推移，释迦牟尼的宗教思想已分裂成许多不同的教派，其中最主要的两派是南传佛教和北传佛教。大多数西方学者认为流传于东南亚一带的南传佛教与释迦牟尼的理念更加接近，而在中国和北亚一带，北传佛教则居统治地位。

释迦牟尼所传播的基本教义的主要内容是“四谛”。“谛”这个词有“真实”或“真理”的意思。“四谛”又被称作“四圣谛”，即“苦”“集”“灭”“道”这四条真理。而四谛从内容上又可以分为两部分：“苦”“集”二谛着重讲述人生的本质及其形成的原因；“灭”“道”二谛则针对前一部分做出解答，指明解脱之路和人生最终的归宿。从更深层次的意义上来说，前一部分侧重于释疑解惑，后一部分则侧重于提升顿悟。

苦谛可谓是全部佛教的出发点，即把社会人生判定为“苦”，全无幸福欢乐可言，并且以此为真理。

集谛则宣称一切苦皆来自人们内心的“欲爱”，有“欲爱”就会有行动，行动的后果必然是“造业”。这是早期佛教的理论基础，由此引申出“轮回之苦”，指出人生的种种痛苦是有原因的，并且会一直轮回，无始无终。

灭谛则指明了众生摆脱轮回的道路，即只有消灭一切“欲爱”，才能根绝苦因，摆脱苦果，并最终达到佛教的理想的最高境界——涅槃，也就是不生不灭、圆满寂静、永远摆脱因果轮回的神秘境界。

道谛进一步阐述了要达到涅槃必须修炼八正道，即“正见”“正思”“正语”“正业”“正命”“正精进”“正念”和“正定”。

释迦牟尼去世后，佛教在很长的一个时期里传播得相当缓慢。公元前3世纪，印度的阿育王改信佛教，因为阿育王强大的影响力，他所支持的佛教影响力也迅速地得到提升，使得佛教传播开来，并深刻地影响到了相邻的一些国家。

第四辑

古希腊

米诺斯之谜——克里特文明

19世纪末，英国考古学家阿瑟·埃文斯率领的考古队在克里特岛的克诺索斯发现的克里特文明遗迹震惊了整个世界。那么，这个地中海中部并不起眼的小岛，为何能够引发如此广泛的关注呢？这一切还要从一个神话故事说起。

在古希腊神话中，克里特岛曾经有位国王叫米诺斯。他建造了一座规模宏大的迷宫，由无数宫殿组成，迷宫里有无数纵横交错的道路，任何人只要进去了就会迷路，根本别想再走出来。更为可怕的是，迷宫深处养着一只人身牛头的恐怖怪兽，名字叫作米诺牛，每过九年，希腊的雅典城就必须送来七对青年男女，让残忍的米诺牛在迷宫里把他们吃掉。

后来，雅典国王爱琴的儿子忒修斯为了让同胞不再遭受如此残酷的命运，决定要除掉米诺牛这个怪兽。这一天，又是供奉青年男女的日子了，人们在一片哭泣声中，送别这七对不幸的青年男女，并在运送他们的船上挂起了黑帆。忒修斯乔装打扮，和青年男女们一起出发了。在出发之前，忒修斯和父亲约定，如果杀死米诺牛，他会在返航时把船上的黑帆变成白帆。这意味着，只要船上的黑帆变成白的，爱琴国王就知道儿子是活着回来了。

忒修斯领着青年男女来到克里特岛之后，意外地邂逅了米诺斯国王的女儿阿里阿德涅公主，两人一见钟情，成为恋人。当公主知道忒修斯的使命后，便拿出一把魔剑和一个线球，告诉忒修斯这两样东西可以用来对付米诺牛。聪明勇敢的忒修斯解开线球，把线球的一端拴在迷宫的入口处，用来标记走过的路线，之后他沿着曲折复杂的通道向迷宫深处走去，找到了怪物米诺牛，用阿里阿德涅公主给他的剑与米诺牛展开了搏斗。最后，他抓住米诺牛的角，一剑刺穿了米诺牛的心脏，然后带着青年男女们顺着毛线的标记走出了迷宫。等在迷宫门口的阿里阿德涅公主非常高兴，她早就决定跟忒修斯一起逃出克里特岛。为了预防米诺斯国王的追击，忒修斯凿穿了海边所有克里特船的船底，乘着仅剩的一艘船起航回国。

经过几天几夜的航行，大家终于在海平面上远远地看到了祖国的地平线，所有的人都又唱又跳，兴奋异常。然而忒修斯犯了一个大错误，他忘了和父亲的约定，没有把黑帆改成白帆。爱琴国王每天都在等待着儿子的归来，当一直在海边翘首等待儿子归来的他看到归来的船挂的仍是黑帆时，心一下子就碎了。他以为儿子已被米诺牛吃了，悲痛欲绝之下，老国王跳海自杀。后来，人们为了纪念爱琴国王，就把他跳入的那片海，命名为爱琴海。

虽然关于爱琴海的传说广为流传，但是在相当长的时间里，人们并不相信克里特文明的存在。直到考古队发掘出了米诺斯王宫的遗址和大量的文物，大家才意识到，原来传说中的克里特文明是真实存在的。考古学家们发现的克里特王宫占地约两公顷，依山而建，大多是三层建筑，其中王后的居室内，不但地面上铺有平整的石板，四壁还绘有许多壁画，上面既有飞鱼走兽又有美丽的少女以及国王贵族的行乐图。这些壁画虽历经3000余年，可刚刚出土时颜色仍然十分艳丽。此外，宫内各种建筑设施齐备，有浴室、仓库和庭院等，还设有供水和排水设备。

▲ 希腊爱琴海

与其他王宫不同的是，克里特王宫中还有大量的仓库和手工业作坊，几乎占了一大半的比例，其中保存了许多青铜、金银和宝石制成的工艺品，还有薄如蛋壳的彩色陶瓶，令人叹为观止。如此发达的手工业与克里特岛特殊的地理位置有很大关系，由于克里特岛位于地中海东部的中间，周围海面风平浪静，不管朝哪个方向航行，几乎都可以见到陆地，所以造就了岛上繁荣的商业贸易，并使之成为地中海区域的贸易中心，这样王宫里拥有许多仓库和手工业作坊也就不足为奇了。

除了这些，考古学家们也找到了希腊传说中有关“迷宫”的痕迹——整座王宫房间鳞次栉比，阶梯走廊曲折相通，不熟悉的人一旦进入就很容易迷失方向，因此称之为“迷宫”毫不夸张。在迷宫中，人们还发现了2000多块有着许多线条的泥板，在一些印章和器皿上也发现了一样的线条，后来的学者把这种线条构成的文字称为

“线形文字”。虽然至今仍然未能破译出来，但文字学家们普遍认为这些文字和古希腊使用的文字非常接近，因此推断出克里特岛文化和古希腊文化之间也许有着相当密切的联系。

考古队还对迷宫之外的建筑进行了发掘，主要是一些贵族的府第。这些府第都非常豪华，在迷宫里面，考古队发掘出的一所豪华住宅，里面的浴室冷热水管都具备；在另一所二层楼房的地下室里，还发现了有青铜门闩的地窖和仓库；此外，有些府第之间甚至还有特别的通道与迷宫相连。

除了王宫和周围的豪华府第，克里特岛上大部分的居民通常住在用木头和灰泥建造的单独的房子里。在大大小小的村庄里，都有宗教礼拜场所，可见宗教在人们生活中有着重要的地位。

人们通过学者们的各种考古成果勾勒出了克里特岛居民们的日常生活内容：他们不仅进行农业生产，而且进行海上活动。岛上山区遍布的森林为人们提供了建造远航海船的木材。他们驾着高大的单桅海船往返于地中海，船上满载着埃及的粮食、象牙和玻璃，叙利亚的马和木材，爱琴群岛的银、陶器和大理石，塞浦路斯的铜以及自己岛上的橄榄油和陶器。除此之外，克里特岛人还大肆进行海上掠夺，在当时的人们眼中，经商和海盗这两种职业没有很大区别。考古学家们还发现：克里特岛上的各个城市都不设城防，这表明克里特岛的各个村社和平相处，而且岛上的人认为自己的海上力量足以保护本岛的安全，因此古代作家把克里特岛称作“伟大、富有、衣食充足”的福地。

研究结果显示，克里特岛上的宫殿倒塌于约公元前1500年，具体原因不明，可能是由附近锡拉岛火山猛烈喷发引起的地震或海啸造成的。而在大约公元前1450年，克里特王宫的建筑又遭到了人为的损坏，一般认为是说希腊语的迈锡尼人入侵的结果。从那之后，希腊人便成了克里特岛的主人，并与当地居民逐渐融合。就这样，克里特文明悄无声息地消失了，只在古希腊的传说中留下了些许痕迹。

“希腊的学校”——雅典民主政治

古希腊是西方文明的源头之一，它并不是一个国家，而是一个地区的总称。在公元前8世纪至公元前6世纪，随着古希腊的经济高度发展，希腊人萌生出了社会意识，各地纷纷建立以奴隶制为社会制度的城邦。

据统计，古希腊的城邦多达200多个，这些城邦类似于国家组织，因为每个城邦都是自治的，互不干扰。值得一提的是，古希腊城邦绝大多数都处在较高的地势上，其中原因有两个：一是古希腊人民信奉神灵，而神庙必须建立在高地之上，所以每个城邦的建立都是围绕着神庙向四周辐射；二是将城邦建立在高地之上，在外敌入侵的时候，易守难攻。

在古希腊众多的城邦中，属雅典和斯巴达最有名，其中雅典城邦在很长的一段时间里都是古希腊最为繁荣的城邦。

雅典的繁荣首先是地理位置优越。因为雅典处于希腊的中部，有着漫长的海岸线，且港口众多，这有利于雅典对外出口。另外，雅典的政治制度已从奴隶制转变为民主制。在民主政治之下，雅典的文化、经济高度发展，变得繁荣而昌盛。不过，雅典民主政治并非一朝一夕形成的，它经历了一个漫长而艰辛的过程。

雅典城邦坐落于阿提卡半岛，在雅典城邦未建立之前，岛上居住着四个部落，每个部落里有着数百个氏族。渐渐地，每个氏族内部有了贫富差距，而贫穷的氏族成员渐渐被氏族内的富人们所厌弃、所排斥。与此同时，部落之间也因为争夺资源而摩擦不断。后来，忒修斯统一了雅典各部落，并对各部落进行了改革。

忒修斯改革的内容有：废除每个部落的行政机构和议事会，建立统一的行政机构和中央议事会；将雅典的公民分为三个等级，即贵族、农民和手工业者，其中只有贵族才能担任城邦内的官职。忒修斯的改革有效地令城邦统一起来了，但也产生了巨大的问题，就是权力全都落在了贵族的手中。

当时，雅典的地契和钱财几乎都在贵族的手中，渐渐地，他们向雅典平民放起了高利贷。由雅典贵族掌控的法律规定，但凡欠债人没有在规定期间偿还债务，就要以身抵债，成为贵族的奴隶，由此，雅典的奴隶制制度形成。

雅典贵族为了自己富裕的生活，不断地剥削平民，奴役奴隶，令平民与贵族之间的矛盾越来越大。后来，雅典的工商业快速发展，工商阶层越来越不满意贵族的独裁统治。这个时候，一个名叫梭伦的落魄贵族联合工商阶层、平民、奴隶推翻了贵族专制，建立了雅典民主政治制度。

梭伦在推翻贵族专制的起义中，立下了许多战功，所以被雅典人民选为雅典城邦的第一任执政官。在执政期间，他制定了法律，进行了改革，历史上将他的改革称为“梭伦改革”。

梭伦改革主要包括政治、经济、法律等几个方面。

在政治上的改革有：将雅典公民按照财产的多少划分为四个等级，第一等级和第二等级的公民可以担任高级官职，第三等级的公民可担任低级官职，而第四等级的公民没有担任官职的权利；将公民大会作为国家最高权力机关，所有雅典公民都有参加的权利；从雅典的四个部落里各选出100人管理国家事务；建立了公民陪审法庭，所有公民都可参选陪审员，参与案件的审理。

在经济上，梭伦首先颁布了“解负令”，即废除债务奴隶制，取消公民身上的所有债契，还给奴隶自由；实施货币改革；吸引外国技术人才留居雅典，并给予公民权；制定利于工商贸易发展的政策；确定私有财产继承自由，等等。

在法律上，梭伦规定雅典公民的手艺要传给儿子，否则儿子有权利拒绝赡养父亲；废除了雅典原先实施的德拉古法中残酷、不合理的法律，保留了合理的部分，等等。

梭伦的改革为雅典民主政治制度开辟了道路，令雅典变得繁荣富强。他的改革虽然限制了贵族的权力，提升了普通人民的权利，但遗憾的是并没有做到平等，所以雅典平民与贵族仍然在斗争着。

梭伦卸任后，由庇西特拉图继任。不过，庇西特拉图的继任并不光彩，他是通过暴力手段夺取了雅典的政权，而他也是古希腊史上有名的僭主。

庇西特拉图出身于贵族，统治了雅典长达30多年。他并没有因为贵族的身份而倾向于贵族，而是继承了梭伦的大部分改革。当然，也进行了其他一些利于他独裁专政的改革，最典型的就是由他直接掌控各种会议。

庇西特拉图的绝大多数改革都是以雅典平民的利益为主，譬如他将反对他的贵族们的土地没收后分配给没有土地的平民，而反对他的贵族则被驱逐出了雅典；他为平民制定了低利率的贷款政策；他设置了巡回法庭，便于平民诉讼；与邻邦保持友好，制定互贸政策；等等。

在庇西特拉图的统治之下，雅典的经济持续发展，人口明显增长，令雅典成为当时希腊众多城邦中最繁荣的城邦之一。庇西特拉图去世后，他的儿子希庇亚斯和希帕克斯继任为僭主，但两人并没有治国的才能。后来，被庇西特拉图赶出雅典的贵族们与斯巴达勾结，推翻了希庇亚斯两兄弟的统治。

与此同时，贵族与平民间的斗争更加激烈。在贵族出身的政治家克里斯提尼的带领下，平民们将斯巴达的势力赶出了雅典，而克里斯提尼也被选为新一任执政官，并对雅典的政治和社会进行了一系列的改革。

在当时，雅典的社会很不安稳，除了贵族与平民的斗争外，雅典的四大部落之间也争斗不断。为此，克里斯提尼对四大部落进行了改革。他将雅典划分为三个大区，每个大区又分为10个小区，然后重新组成了10个新的地域部落。在10个新部落的基础上，又建立起“十将军委员会”作为雅典的最高执行机关。委员会成员为各部落首领，而首席将军由每个部落的首领轮流担任。

在雅典民主政治上，克里斯提尼建立了“五百人议事会”，会议成员从10个新的部落中各选出50人组成，但凡是雅典公民，都有被选为会议成员的权利；为了防止僭主再起，他还制定了贝壳放逐法，由雅典公民在每年举行的公民大会上，在贝壳或陶片上写上对雅典危害大或声望极高的人的名字，在经过两轮投票后，票数最多的人将会被赶出雅典，驱逐时间为10年。在这期间，被驱逐人的私人财产不动，10年后回到雅典可以恢复其公民权利。

克里斯提尼的改革在一定程度上削弱了四大部落的势力，减少了部落间的斗争，促进了雅典民主政治的发展，令雅典公民团结了起来。在社会稳定的情况下，雅典城邦也得到了更好的发展。但真正令雅典走上辉煌的人，其实是伯里克利。而伯里克利时代也是雅典民主政治的巅峰时代。

在伯里克利时期，希腊与波斯间战争不断，雅典与其他城邦结盟后，打败波斯，而雅典也成了希腊城邦中最强大、最繁荣昌盛的国家。

伯里克利除了实行海外扩张外，也大大提升了雅典平民的权利，他进行的改革有：剥夺由贵族掌控的战神山议事会的政治权利，将其归于公民大会、五百人会议和陪审法三个机构，这个改革令这三个由雅典平民组成的机构成为雅典最高的权力机关；向公民开放官职，第三等公民享有担任高级官职的权利，第四等公民享有担任官职的权利，最高也能担任执政官；实施了公薪制，普通公民担任公职后，都享有国家给予的生活津贴；十将军委员会成员改由公民大会选举产生，而这个机构掌握着统领军队的大权；等等。

在伯里克利的统治之下，雅典民主政治发展到了一个前所未有的高度，雅典也前所未有地繁荣昌盛。于是，希腊的其他城邦以及其他国家也纷纷仿照雅典的政治制度，正如伯里克利所说："雅典是希腊的学校。"

尚武轻文的城邦——斯巴达

约公元前11世纪，一支多利亚人的希腊部落来到一块多面环山的平原，这块平原就是位于希腊南部、欧罗塔斯河西岸的拉哥尼亚平原。

多利亚人发现平原上土地肥沃，还有一条贯穿全境的河流，觉得非常适合农业耕种，于是便在平原上定居下来。随着一代代繁衍，多利亚人逐渐向外扩张，建立了最初的斯巴达城。在希腊语中，“斯巴达”的意思就是“可以耕种的平原”。

当时的斯巴达城只有几个村庄大小，村庄外没有城墙，村庄内也没有街道，十分原始落后。居住在城里的多利亚人，则被称为斯巴达人。斯巴达后来会成为古希腊城邦中最强盛的城邦，与其对外扩张息息相关。

在拉哥尼亚南部，有一座小城，骁勇善战的斯巴达人率先征服的就是这座小城。在征服该城后，斯巴达人将所有的原住民变成奴隶，并称之为“希洛人”。

之后，斯巴达人又加紧了对外扩张的步伐，他们将战争之剑指向了邻邦美塞尼亚。这场战争持续了数十年，最终，美塞尼亚被斯巴达吞并，而美塞尼亚人也沦为希洛人，成为斯巴达人的奴隶。

在斯巴达人面前，希洛人活得非常艰辛，他们不仅要从事大量的体力劳动，还总是吃不饱、穿不暖，因为他们每年要将大半的收成上缴给奴隶主。希洛人也没有人格可言，他们除了要穿标志着奴隶身份的衣服外，还会遭到奴隶主的毒打，以此来认清自己奴隶的身份。此外，希洛人的生命在斯巴达人面前十分轻贱，随时都面临死亡。

斯巴达人为了防止希洛人反抗，会在漆黑的夜晚残杀希洛人中勇敢强壮的年轻人。每年斯巴达新上任的监察官也必须屠杀一部分希洛人才能任职。与此同时，希洛人还承担着十分沉重的兵役。这是因为斯巴达人好战，且常年对外扩张，而希洛人在军队中充当的角色是前锋、是诱饵。所以，每年有数以万计的希洛人死亡。

当斯巴达人发现希洛人锐减后，又会对外征战，扩充新的希洛人。就这样，陷入循环当中。也正是因为不断地征战，斯巴达人并不注重文化和生产。

在斯巴达，几乎每个男性公民都身强体壮，在战场上英勇无敌，这与其成长经历息息相关。每个斯巴达男性一出生就会面临两道生与死的考验：第一道考验是，婴儿刚出生后，母亲会用烈酒给婴儿洗澡，并通过其反应来判断婴儿的体质如何，如果体质不过关，就会放任婴儿死亡；第二道考验是，母亲将沐浴过酒精并认定体质很好的婴儿抱到村庄内的长老家中，长老检查后认为他不健康的话，婴儿就会被抛到荒山野岭之中。

在斯巴达男性7岁的时候，就要离开父母，前往集中营和其他男孩过集体生活；从12岁开始，就要脱掉身上的所有衣服，面临冬寒夏热的考验，在夜晚的时候，也不能睡在屋子里，要在户外席地而卧。熬到20岁后，才能加入军队，成为一名军人。

这样的考验每年都会让许多斯巴达男性死去，但活下来的每一个都是身强体壮、毅力惊人的人。他们无惧饥饿和寒冷，对肉体上的痛有着强大的忍耐力，并且还拥有适应黑暗和孤独的能力。

斯巴达男性的职业就是军人，从20岁起，就要居住在军中，日复一日、年复一年地面临难度更大、更为残酷的军事训练，直到60岁后，才能离开军营。所以，斯巴达人才能在战场上屡屡获胜。

相对于斯巴达男性血性的一生，斯巴达女性的一生要好一些。她们不会面临出生时的生死关，也不用离开家去过集体生活，但是她们的生活也不轻松。因为，每个斯巴达女性在幼年时都要进行体格锻炼，学习格斗，斯巴达人认为，只有身强力壮的女性才能顺利地生下体质足够好的孩子。

在当时的古希腊，斯巴达人是晚婚一族，他们会在30岁的时候结婚。并且，斯巴达人的婚姻属于盲婚，在结婚前和结婚后的很长一段时间里，斯巴达夫妻都不能看清楚彼此的样貌。因为，斯巴达男人白天在军营训练，只能在夜深人静的时候偷跑回家见妻子，直到孩子生下来后，斯巴达男性才被允许在白天的时候回家，这个时候夫妻俩才能看清楚彼此的样貌。值得一提的是，在婚姻中，斯巴达女性占据了主导地位，妻子如果觉得丈夫不优秀的话，有权利结束婚姻关系。

斯巴达城邦相对其他城邦而言，文化发展要落后很多。因为斯巴达人的重心都在对外征战上，所以他们并不需要认识多少字，以至于斯巴达出现的诗人、艺术家屈指可数。在城市建设上，斯巴达也很落后，他们并没有建造抵御外敌的城墙，因为他们坚信自己健壮的体魄就是包围斯巴达的城墙。

也许是因为斯巴达人的体格足够健壮，也足够自信和勇敢，以至于许多城邦都被斯巴达吞并，而斯巴达也成了伯罗奔尼撒半岛上最强盛的国家。后来，斯巴达联合伯罗奔尼撒半岛上的其他几个势力较为强大的城邦组成了伯罗奔尼撒同盟。

对斯巴达而言，这个同盟的存在既是为了镇压希洛人的起义，也是为了干预其他城邦的内政，更为重要的一点是，斯巴达城邦利用联盟的势力，可以继续对外扩张。

东西古文明的碰撞——希波战争

古希腊历史上发生过一场长达半个世纪的战争，这是一场波斯对希腊发动的入侵战，史称“希波战争”。

波斯是一个典型的奴隶制国家，而它能成为强国，也是因为对外扩张。从公元前6世纪开始，波斯经过数位统治者的扩张，已经从一个小国发展成了一个横跨亚、非、欧三大洲的大帝国。

公元前546年，波斯帝国进攻小亚细亚，并吞并了吕底亚，接着又进攻起位于小亚细亚西部沿海一带的希腊城邦。

波斯帝国率先进攻的目标是爱奥尼亚地区的希腊各邦，当时发动战争的理由是，波斯国王希望这些城邦能够改民主制为君主制，在遭到希腊各邦的拒绝后，便以此为借口发动了战争。这场战争，波斯取得了胜利，并从爱奥尼亚地区的希腊各邦中获得了很多利益。不过，波斯国王并不满足，他想要进一步控制黑海海峡和色雷斯一带，而这也直接威胁到希腊半岛上各城邦的利益与安全。

面对波斯帝国的得寸进尺，这一次爱奥尼亚地区的希腊各邦选择了拒绝，并以米利都城邦为首，发动了对波斯帝国的起义，史称“爱奥尼亚起义”。

米利都城邦深知，与波斯帝国开展斗争，无疑是鸡蛋碰石头，便求助斯巴达城邦援兵。不过，斯巴达拒绝了，反倒是雅典城邦和埃雷特里亚城邦出兵援助。即便如此，这次战争还是以爱奥尼亚区的希腊各邦战败而告终。不过，波斯帝国对希腊的战争远没有结束，波斯国王以希腊的雅典城邦和埃雷特里亚城邦援助米利都为由，继续对希腊各邦发动了战争。

在进攻希腊各邦之前，波斯国王先离间了希腊各邦的关系，接着率领军队沿着色雷斯沿岸向希腊各邦进攻。波斯的初征并不顺利，还没有登陆色雷斯，就遭到了猛烈的进攻，在损失惨重之下，波斯最终只能撤兵。

波斯的这次放弃只是暂时的，在第二年，波斯帝国的入侵之心又死灰复燃。这一次，波斯国王妄想不战而胜，他派遣使者前往希腊说服各邦臣服波斯，但遭到了希腊最大的两个城邦，即雅典和斯巴达的拒绝。

波斯国王愤怒之下，于公元前490年，对希腊各邦展开了再一次的远征。这一次，波斯帝国首先占领了埃雷特里亚城，接着朝雅典城邦进军，并在距离雅典40千米左右的马拉松平原发动了马拉松战役，这是波斯对希腊雅典的第一次入侵。

雅典在对抗波斯的同时，向斯巴达求援。斯巴达同意了，但必须等到月圆之夜才能出兵。于是，雅典只好独自抗敌。

在这场战役中，雅典占据了有利地形，而波斯军队的实力比雅典强上数倍。雅典根据地形，对波斯展开包围战。在战役初期，波斯军队势不可当，令雅典中路军节节败退。直到雅典两侧的精锐部队包围了波斯军队，才令战事发生了改变，波斯被击退。这场战役是古代战争史上著名的以少胜多的战役之一。

这场战役令波斯帝国损失很大，但波斯国王占领希腊的决心依然没有被削弱，他开始寻找时机，准备再次进攻希腊。

波斯第二次入侵雅典是在公元前480年，这一次，波斯集结了大量兵力，武器装备也充足。雅典面对波斯的几十万大军，甚至无法抵抗。而希腊的其他城邦也嗅到了危险，便纷纷与雅典结盟，共同对抗波斯，结盟城邦里包含了斯巴达。

这一次，波斯的入侵速度很快，在占领希腊北部的一些城邦后，又向温泉关进军，并与希腊同盟军在温泉关发动了温泉关之战。

斯巴达在温泉关战役中冲在前边，斯巴达统治者亲自上阵。在经过激烈的厮杀后，希腊联盟军几乎全军覆灭，只有小部分希腊军撤退。波斯军乘胜追击，一直攻入了雅典城邦，只不过城邦内空无一人，原来，雅典的妇女儿童全都躲到了萨拉米斯岛，而男人们全都汇集在萨拉米斯海湾。

雅典与同盟军运用计谋和有利的地形，对波斯军发动了勇敢顽强的反击战。这一次，波斯军队大败，波斯国王率领剩下的士兵仓皇地逃回波斯。

波斯国王觉得颜面尽失，便于公元前479年对希腊发动了第三次入侵，并与以斯巴达为首的希腊联盟军在普拉提亚展开了普拉提亚战役。这次战争，波斯依然以战败而告终。与此同时，波斯内部政权动荡，已无法再发动攻击。这时候，以雅典为首的希腊同盟军化被动为主动，对波斯展开猛烈的进攻，而雅典也一跃成为爱琴海的霸主。

之后，雅典联合爱琴海、小亚细亚上的希腊各邦组成了“提洛同盟”。在同盟军的进攻下，波斯选择讲和，并签署了《卡里阿斯合约》。合约规定：波斯放弃对爱琴海、黑海出口的控制权，并承认希腊各邦的独立。

由此，长达半个世纪的希波战争落下帷幕，东西方两大文明的碰撞，也以希腊的胜利而告终。

哭泣的雅典——伯罗奔尼撒战争

之前说过，希腊以前不是国家，而是地区的总称。在希腊众多的城邦中，数雅典和斯巴达最为强盛。后来，雅典建立了提洛同盟，斯巴达建立了伯罗奔尼撒联盟。两个同盟为了争夺资源和利益，一直矛盾不断，为了争夺希腊霸主的地位，更是发动了一场规模浩大的战争——伯罗奔尼撒战争。

以雅典为首的提洛同盟的建立，目的是共同对抗波斯，雅典是同盟的首领。希波战争结束后，提洛同盟不仅没有解散，反而还对外进行了扩张，雅典也成为爱琴海上的霸主。

渐渐地，雅典城邦忘却了提洛同盟建立的初衷，除了私自动用同盟的共同财产外，还将同盟里的其他城邦视为臣服国，要求这些城邦上贡，如果不臣服、不上贡，就会用武力镇压。雅典的所作所为无疑引起了提洛同盟里其他城邦的不满。在提洛同盟内部矛盾越来越尖锐时，以斯巴达为首的各城邦担心被提洛同盟所吞并，便组成了伯罗奔尼撒联盟。

当时的雅典采取的是民主政治，而斯巴达是贵族独裁专制政治，因为政治制度的不同，两个城邦之间矛盾不断。又因为对资源的争夺，令两个城邦之间的关系更加紧张，似乎只要一个导火索，战争便会一触即发。

很快，导火索来了。原本属于伯罗奔尼撒联盟的米加腊城邦退出了该联盟，转而投入了雅典的提洛同盟，于是两个同盟展开了小规模的摩擦战争。这场摩擦战从公元前460年一直持续至公元前446年，也被看作伯罗奔尼撒战争的前奏。这次战争打成了平局，米加腊回到了伯罗奔尼撒联盟，两个同盟之间也签订了为期30年的和平条约。

公元前435年，和平条约被撕毁，因为伯罗奔尼撒联盟中的科林斯城邦和科西拉城邦发生了争端。科西拉向雅典求助，雅典援助了科西拉，并逼迫科林斯退兵。科林斯很不甘心，便唆使提洛同盟成员波提狄亚退出同盟。雅典认为这是伯罗奔尼撒联盟的手笔，愤恨之下，便派兵镇压波提狄亚。

事实上，提洛同盟内部早就分崩离析，早前就有麦加拉退出同盟，投靠伯罗奔尼撒联盟的举动。雅典以此为借口，对伯罗奔尼撒同盟实施了经济封锁。在伯罗奔尼撒同盟会议上科林斯提出，要求雅典放弃提洛同盟的领导权，但最后遭到了雅典的拒绝。

公元前431年，伯罗奔尼撒联盟的底比斯城向提洛同盟中的普拉提亚宣战，伯罗奔尼撒战争正式打响。

当时，雅典的执政官是伯里克利，在他的领导之下，雅典实施了海上进攻、陆地防御的战略，但还是被斯巴达军入侵了雅典的阿提卡半岛。斯巴达对阿提卡人烧杀抢掠，企图逼迫雅典人与自己在陆地上展开决战。与此同时，还煽动提洛同盟内讧。对此，伯里克利除了坚守自己的战略外，派兵袭击了伯罗奔尼撒半岛的沿海地区。他也煽动斯巴达城内的奴隶发动暴乱，以此来达到停战的目的。

这次战争，令双方都损失惨重，尤其是雅典，因为雅典城内发生了瘟疫，造成了大量人口的死亡，雅典的执政官伯里克利也在这个时候病死。并且，雅典城邦内还发生了内乱，雅典的势力也分成了主战和主和两个派别。

伯里克利去世后，由克里昂继任执政官，克里昂是主战派，也是独裁者，他的上任令雅典的民主政治被贵族专制所取代。

公元前425年，克里昂率军在位于斯法克蒂里亚小岛的海湾里重创了斯巴达。在双方和谈的时候，由于克里昂提出的条件太苛刻，被斯巴达拒绝了。之后，双方又展开了厮杀，最终克里昂和斯巴达的主将战死，雅典战败。战争结束后，雅典主和派与斯巴达签署了和平条约。尽管如此，提洛同盟和伯罗奔尼撒联盟内的盟邦依旧冲突不断。

公元前420年，雅典的权力落到了主战派首领亚西比德手中，他暗中与斯巴达的宿敌阿尔戈斯结交，但阿尔戈斯在公元前418年就被斯巴达击溃。到了公元前415年，雅典又将战场转向了科林斯的殖民地西西里，斯巴达向西西里派遣援军，最终雅典战败。公元前413年，斯巴达入侵雅典的阿提卡，同时斯巴达又与波斯结盟，这令雅典的处境越来越危险。

这时候，雅典内部的民主派推翻了贵族专制，令雅典人民重新团结起来。在公元前412和公元前411年，雅典两次击败了斯巴达海军，还收复了拜占庭，夺回了黑海航道。之后，又与斯巴达展开了几次战争，令雅典的财政和军事力量逐渐枯竭。

公元前405年，斯巴达在羊河战役中，将雅典海军击败，这个时候的雅典再也没有应战的能力了。也是从这个时候起，斯巴达成为希腊世界的霸主，而雅典成了一颗黯淡的星星。

战争结束后，雅典在斯巴达的逼迫下，解散了提洛同盟，加入了伯罗奔尼撒同盟。斯巴达对雅典的军事防御和军事力量进行了削减。

因为这一系列的战争发生在伯罗奔尼撒半岛，所以史称“伯罗奔尼撒战争”。虽然这场战争是以斯巴达为首的伯罗奔尼撒联盟获胜，但是他们也付出了惨痛的代价，譬如战争导致了无数人的死亡，令各个城邦的经济发展滞后。更重要的是，斯巴达、科林斯等城邦内的大地主和大奴隶主都趁着战争吞并平民土地，使得平民阶层怨声载道，并掀起了一场场起义。

在希腊内乱之际，位于希腊北部的马其顿王国渐渐崛起，一场新的霸主之战拉开了序幕。

亚历山大——“四海一家”的君主

马其顿王国是希腊北部的一个贫穷落后、毫无存在感的小国，在希腊各邦经历了伯罗奔尼撒战争，损伤惨重之时，这个小国悄然崛起。在亚历山大大帝的带领下，马其顿先是统一了希腊全境，接着横扫中东地区，将埃及全境、波斯全都纳入版图，最后又远征到印度河流域。

亚历山大三世是马其顿的国王，也是世界史上著名的军事家、政治家，欧洲历史上最伟大的统帅之一。因为他战功显赫，被称为亚历山大大帝。那么，这位君主是如何令四海成为一家的呢?

亚历山大出生于公元前356年，父亲是马其顿国王腓力二世。亚历山大从小就表现得英勇无比、才智过人，据说12岁那年，他看到了一匹野性十足的马，他只对马说了几句话，马就臣服于他了。在他13岁这年，腓力二世聘请了古希腊著名的学者亚里士多德来教授他知识。16岁时，他就跟随父亲上了战场。

公元前338年左右，腓力二世出兵拜占庭，战事传到希腊后，希腊各邦掀起了反对马其顿王国的浪潮，其中雅典和底比斯两个城邦结为了同盟，准备主动对抗马其顿。腓力二世察觉到希腊的动作后，便与希腊打响了喀罗尼亚战役。

年仅18岁的亚历山大参加了此次战役，他被授命为马其顿大军左翼总指挥。在战争中，亚历山大表现出了卓越的军事才能。他先

▲ 亚历山大雕像

是歼灭了底比斯最强的战斗小队，后又在战略上碾压希腊军，令马其顿获得了胜利。

腓力二世被刺杀身亡后，亚历山大继承了王位，接着开启了他的征战生涯。不过，亚历山大并没有急着征战，而是对马其顿王国进行了一系列改革。譬如，在政治上，他削弱了贵族的权力，加强了君主统治；在经济上，他鼓励工商业的发展，对货币进行了改革；在军事上，他建立了由步兵、骑兵和海军组成的马其顿常备军，并对军队进行严格的训练，钻研新的作战队形和战略，等等。在他的改革之下，马其顿的经济和军事力量突飞猛进。

就在这个时候，被马其顿征服的底比斯、雅典又死灰复燃，再次向马其顿挥起了起义的旗杆。亚历山大仅用14天就到达了底比斯，他联合希腊同盟国一同摧毁了底比斯，后又将底比斯的领土和大部分的俘虏、奴隶分给希腊同盟国，而后雅典只好放弃了抵抗。亚历山大用了不到两年的时间，就将希腊统一了。

公元前6世纪，波斯入侵希腊，希波战争持续了半个世纪。虽然波斯战败，但波斯军队曾对希腊许多城邦烧杀抢掠过多次，直到亚历山大统一希腊后，希腊人民依然对波斯王国怀恨在心，而这恰好被亚历山大所利用。

亚历山大以父亲被波斯人刺杀为由，向波斯宣战。与此同时，他也打起了解放小亚细亚城邦的旗号。亚历山大率领马其顿和希腊的联军，于公元前334年向波斯进军。

亚历山大率领的军队规模与波斯相比，绝对是敌众我寡，但是，当时的波斯内部矛盾重重，且波斯国王大流士三世昏庸无能，所以，亚历山大轻而易举地征服了小亚细亚半岛。接着，亚历山大凭着自己的才智，迅速打败了波斯军队，将波斯的部分领土纳入马其顿的统治版图中。

亚历山大用了很短的时间整顿波斯，接着又挥师南下，沿着地中海进军。此时，波斯境内的大流士三世的势力又死灰复燃，给他东征路上的后勤补给造成了严重的困扰。尽管如此，他还是征服了叙利亚。他在尼罗河口修建亚历山大城，并将这座城作为他远征东方的补给地。

亚历山大返回西亚时，与波斯主力军展开了决战。大流士三世率领了一支战斗力极强的战象队，但与军事天才亚历山大开战，大流士三世还是战败了。他在逃亡的时候，被部下杀死，之后亚历山大也彻底征服了埃及全境。这时候，马其顿已经是一个横跨亚、非、欧三洲的强大帝国。

亚历山大扩张马其顿的雄心依然在燃烧，在公元前327年，他又继续向印度进军。他与印度展开了三次大战，印度始终不愿臣服，最终，亚历山大率领联军与印度波罗斯王公的军队在希达斯皮斯河展开了最后一次大战。在这场大战中，印度被打得溃不成军，但波罗斯仍然顽强地抵抗，他的英勇获得了印度人民的尊敬，也获得了亚历山大的欣赏。所以，在征服印度后，他继续让波罗斯当印度的国王。

亚历山大原本还想继续东征，但他手下的士兵已经有了厌战情绪，这令他不得不停止远征。在回去的途中，他又征服了许多不服从他的部落，还进行了一系列的探险活动。回到马其顿后的第二年，他开始整顿起自己的帝国。

亚历山大对希腊的认知是，这是一个开化的民族，同时他也认为波斯人充满了智慧和才能。为了让希腊和波斯融为一体，他建立了希腊波斯民族共和王国，而他则是国王。他还通过“欧亚联姻”“改编军队”等政策，令东西方民族能够和解。

亚历山大企图用改编后的军队继续他的远征计划，想要入侵罗马、迦太基和地中海西岸的地区。但是，在公元前323年，他不幸感染了疟疾，在还没有定下接班人的情况下就英年早逝了。不过，他在临死前曾说过，他的继承者必须是最强的人。所以，在他死后，各地将领纷纷自立为王，这令庞大的亚历山大帝国分崩离析，成了多个小国。

亚历山大大帝的一生虽然只有短短的三十余年，但他创下的辉煌业绩是前所未有的。他令东西方文化得以融合，促进了东西方的经济发展。这对人类社会的进步产生了重大的影响，也令古希腊文明得到了广泛传播。

奥林匹克运动会

奥林匹克运动会是世界性的综合性运动会，每四年举办一次。它的存在既能令各国进行体育竞技，也能促进各国的文化交流，是世界上当之无愧的影响力最大的体育盛会。那么，奥林匹克运动会是如何产生的呢？它的发源地在2000多年前的古希腊。

古希腊有着庞大的神话体系，其中凌驾于众神之上、掌管天地万物的神是居住在奥林匹斯山的宙斯。希腊人每年都会在伯罗奔尼撒半岛西部的奥林匹亚对宙斯进行祭祀活动。

当时，伯罗奔尼撒的统治者是伊菲图斯，他将宗教和体育竞技合二为一，决定在每年的祭祀活动上进行竞技比赛，并且每四年举办一次。公元前776年的古代奥林匹克运动会就正式载入史册，这就是最初的奥林匹克运动会，也是第一届奥林匹克运动会，而它的创始人正是伊菲图斯。至于伊菲图斯为何会将宗教与体育竞技融为一体，这与当时希腊的社会情况息息相关。

从公元前9世纪起，希腊人萌生了社会意识，最初的民族社会被逐渐瓦解，纷纷建立起奴隶制的城邦。随着时间的推移，希腊发展出了200多个城邦，为了争夺资源，城邦之间争执不断，常常有战事发生。希腊人发现，只有身强力壮，才能战胜其他城邦。而健壮的体魄往往来源于体育运动。所以，希腊人特别看重体育，伊菲图斯才将宗教与体育融在了一起。

希腊城邦间的战争持续了好几个世纪，各个城邦都损失惨重。为了减少战事，斯巴达王和伊利斯王签订了《神圣休战条约》，而这个条约也促进了奥林匹克运动会的发展。条约规定：奥林匹亚是宙斯的居住地，任何城邦都不能将战火带到奥林匹亚；在奥运会举办期间，所有城邦都要休战，否则就是蔑视神灵，各城邦可以联合制裁违背规则的城邦。

为了令奥林匹克运动会多样化，他们先后共设立了24个比赛项目。除了对神灵不敬和犯下叛国罪的人不能参赛外，其他希腊公民都可以参赛。

古希腊时期的奥林匹克运动会与现代的奥林匹克运动会在模式和规则上有很大的不同。譬如跳远，古希腊时期的跳远比赛要求参赛的运动员手中拿着哑铃，这是因为希腊人认为哑铃有助于双臂的摆动，增加腿部弹跳力。在比赛的时候，还有乐者在一旁配乐。

▲ 希腊古奥林匹亚

希腊人为了鼓励人民积极参加奥林匹克运动会，还设置了各种奖项。在最初几届，每个项目的冠军可以获得一头羊。从第七届起，获胜者将被授予花冠。花冠是由象征着吉祥与幸福的橄榄树的枝条编制而成的。这是因为古希腊人奉橄榄树为宝树，并坚信橄榄树是智慧女神雅典娜赐予希腊的。

除此之外，古希腊人还在奥林匹克建造了一面墙，每一个冠军都可以在墙壁上刻下自己的名字。如果能够三次夺冠，还可以塑立自己的雕像，放置在宙斯神庙内。

这些奖励措施令奥林匹克运动会渐渐在古希腊人心中有了崇高的地位，每个古希腊人都以夺冠为傲。为了避免出现不正当的竞争，古希腊人还设置了惩罚措施，即作弊的人要被驱逐出赛场，并在很长一段时间内都不得参赛。

后来，奥林匹克运动会发展成了古希腊所有城邦共同的盛会，奥运会举办期间，也是古希腊人民最开心、幸福的时光。奥林匹克运动会的作用除了令各邦的战争有所减少外，也促进了各城邦的文化、经济交流。

公元前338年，马其顿王国入侵了希腊。这次战役，马其顿获胜，希腊被纳入了马其顿王国的版图中。即便如此，奥林匹克运动会还是如期举行，只不过在规模和热闹程度上远不如从前。后来，希腊又被罗马帝国侵占。当时的罗马皇帝信奉基督教，作为与希腊神灵息息相关的奥林匹克运动会，自然遭到了罗马帝国的厌弃和封杀，这令奥林匹克运动沉寂了1500多年。直到1896年，才得以恢复。

之后，奥林匹克运动会仍然是每四年举办一次，只不过地点不再只是雅典，而是在世界上不同的国家，参赛选手也变成了各个国家的运动员。

此外，为了令奥林匹克运动会覆盖面更广、影响力更大，还衍生出了更多的赛事，如残疾人奥林匹克运动会、世界特殊奥林匹克运动会等，并且还将每届奥运会赛事分为夏季和冬季。

现今的奥林匹克运动会有着自己的标志、会旗和会歌，它的精神有公平竞争、相互了解、友谊团结等。在未来，奥林匹克运动会将继续承担着促进各国交流、宣扬和平的重任。

荷马史诗

古希腊是西方文明的发源地，所以，希腊历史上诞生了许多著名的诗人和诗作。《荷马史诗》是古希腊最伟大的作品之一，这部作品由《伊利亚特》和《奥德赛》两个部分组成，它被称为史诗级的巨著，有着不可估量的价值。

据说，荷马是一位盲人，有着一把浓密的大胡子。古希腊时期著名的历史学家希罗多德、修昔底德，以及哲学家柏拉图、亚里士多德都认为荷马是《荷马史诗》的作者。但人们能找到的有关荷马的史料少之又少，所以，很多学者都在质疑古希腊时期是否有荷马这个人，质疑《荷马史诗》是不是荷马写成的。这股质疑声在18世纪尤为高涨。

当时，法国的历史学家认为，希腊历史上并没有荷马这个人，而“荷马”仅仅是希腊城邦中说唱艺人的总代表。因为《荷马史诗》中的两部史诗前后相隔了数百年，不可能是一个人完成的。这个观点立刻在西方学术界引起了轰动，掀起了研究荷马的浪潮。

德国学者沃尔夫根据法国历史学家们的观点对《荷马史诗》进行了详细的分析，他发现史诗中的每一个部分都能作为独立的诗歌，由歌手演唱出来。此外，这些诗歌并不是一下子写成的，都是经过多次的整理和加工，才成为现今的样子。所以，他认为荷马并不是《荷马史诗》的作者。

德国学者尼奇并不认同沃尔夫的观点，他认为历史上有荷马这个人，并且生活在公元前9世纪之后。他认为《荷马史诗》中的诗歌并不是荷马所写，而是他将当时的民间诗歌整理、加工而成的。

尽管人们对荷马存在着种种质疑，但都不能否决《荷马史诗》的价值。因为《荷马史诗》中描绘了大量的古希腊时期的社会历史、风俗史，具有极高的历史价值和文学价值。那么，《荷马史诗》具体讲述了什么呢？

《荷马史诗》有两个组成部分，即《伊利亚特》和《奥德赛》，每部分都有24卷。《伊利亚特》讲述了特洛伊战争中发生的故事，而《奥德赛》讲述了特洛伊战争结束后发生的故事。

在《伊利亚特》中，希腊与特洛伊城的战争持续了九年多，双方势均力敌，直到一位美丽的女俘虏出现，才令战场上的局势有了新的变化。

当时，希腊联盟军的统帅是阿伽门农，将领是阿喀琉斯，两人同时看中了一位女俘虏，并且谁也不让谁。愤怒之下，阿喀琉斯退出了战场。也是因为他的退出，令希腊军连连失利。在这危急关头，阿喀琉斯的好友帕特洛克罗斯穿上了阿喀琉斯的盔甲，在战场上力挽狂澜，才没让希腊军全军覆没。可惜的是，帕特洛克罗斯被特洛伊的统帅赫克托尔杀死了。

阿喀琉斯得知好友战死的噩耗后，内心悲怆极了，为了给好友报仇，他重返战场，并杀死了赫克托尔。赫克托尔是特洛伊国王的儿子，老国王找上阿喀琉斯，希望他能归还儿子的尸首。阿喀琉斯被老国王打动，便将赫克托尔的尸体还了回去。在老国王为赫克托尔举办的葬礼结束后，《伊利亚特》也结束了尾章。

《奥德赛》讲述的是特洛伊战争结束后的故事。在特洛伊战争中，希腊是获胜方。战争结束后，希腊各邦的士兵们都返回家乡，但伊大卡岛的国王奥德修斯没有回去，他带着自己的船队在海上漂流，开启了一系列的冒险之旅。

奥德修斯先是来到一个隐世的岛国，岛上的人野蛮而强壮，并袭击了他的舰队，在慌忙之时，他领着舰队漂流到另外一个海岛之上。这座海岛上有一种名叫“忘忧果”的果子，这种果子具有令人忘记烦恼的魔力，当时奥德修斯的船员们太饿了，于是吃起了果子，而吃了果子的船员却开始留恋海岛，不愿离开。

无奈之下，奥德修斯找来绳子，将船员们绑到了船上，然后继续漂流。没多久，他们就漂到了另外一座巨大的海岛之上。这座海岛上居住着一个吃人的独眼巨人，他吃了奥德修斯的六个船员。后来，奥德修斯运用计谋，刺瞎了巨人的独眼，带着活着的船员们逃离了巨岛。

奥德修斯不知道的是，岛上的独眼巨人是海神的儿子，所以途中奥德修斯的船遭遇了海神的兴风作浪。历经千辛万苦，他们逃到了风神岛。

风神岛上居住着风神，风神送给奥德修斯一个能够装下逆风的口袋。然而，在奥德修斯的船队即将抵达家乡时，他的船员因为好奇口袋里装了什么，偷偷地打开了口袋。口袋里的逆风又将他们的船吹回了风神岛。这一次，风神不再帮助奥德修斯了。

奥德修斯只好继续在海上漂流，他又来到巨人岛和魔女喀耳克的海岛，在经历一系列磨难后，最终抵达了日神岛。这个时候，奥德修斯手下的船员所剩无几，船员们在日神岛上宰食了神牛，不料神牛是天神宙斯在人间的化身。愤怒的宙斯用雷电击坏了奥德修斯的船，而奥德修斯则被大海冲到了居住着海之女神的吉厄岛，并被海之女神囚禁了七年。

奥德修斯的儿子忒勒马科斯受到了女神雅典娜的指引后，来到了吉厄岛，在诸神的帮助之下，经历无数的磨难，父子俩终于回到了家乡。而《奥德赛》也在奥德修斯和妻子、儿子一家团聚之时落下帷幕。

《荷马史诗》是西方现存最古老的文学作品，史诗中的故事放到现在，也依然精彩绝伦，所以这部作品是西方文学中当之无愧的奠基之作。

照亮世界的明灯——古希腊哲学

在古希腊文明中，哲学占据了重要地位。可以说，古希腊哲学是西方哲学的源头，它对后世产生的影响从未中断过。

古希腊哲学的发展，主要经历了三个阶段：第一个阶段是自然哲学阶段；第二个阶段是人文主义和系统哲学阶段；第三个阶段是希腊化时期。

自然哲学诞生于公元前6世纪。在古希腊的爱奥尼亚等地的哲学家们提出了“什么是世界本原”这个问题。当时，希腊人认为是神灵开创了世界，但这个说法遭到了这些哲学家的反对。他们认为，这个世界的本源是物质元素，譬如水、火、土、气等，他们用自然本身来论证自己的观点，而这些哲学家也是西方最早的唯物主义哲学家，其中较为著名的有泰勒斯、阿那克西曼德等，他们构成了米利都学派。

继米利都学派后，又诞生了爱菲斯学派，这个学派也是唯物主义哲学观点，代表哲学家为赫拉克利特。赫拉克利特认为，世界并不是由人或神创造的，而是从火中诞生的。同时，他认为世界万物都在运动变化，只有火是永恒不变的。他用“人不能两次踏入同一条河流”来佐证自己“万物皆流”“万物皆动”的思想主张。

与此同时，古希腊还诞生了另外一批有着新的哲学观点的哲学家，这些哲学家认为世界的本原不是物质元素，而是一些抽象的原则，譬如“数”和“存在”。爱利亚学派的代表人物巴门尼德认为，“存在”是不变、不生、不灭的，运动变化只是事物的现象。这个观点对以后的唯心主义哲学家产生了巨大的影响。

后来，自然哲学家们承认事物是运动变化的，同时也企图找到永恒不变的秘密。希腊色雷斯城邦的哲学家德谟克利特认为，万物的本原是最小的不可再分的原子。他认为原子的本质不会变化，变化的是排列、形状和状态。也正是他的“原子论”，令他成了古代唯物主义哲学的代表人物。

古希腊哲学第二阶段发展于公元前5世纪，在当时，雅典在伯里克利的领导下，民主政治发展到了顶峰。这时候的哲学家们讨论的不再是自然宇宙，而是“人”，因此，哲学家也被称为“智者”。

普罗泰戈拉是当时最为机敏的智者，为了反对贵族的统治，他提出了“人是万物的尺度”的观点，否认客观真理的存在，他认为判断善与恶的标准是个人的感觉和力量。在他的相对主义观点之下，其他智者又衍生了怀疑论和不可知论。这些是古希腊哲学中最初的带有唯心主义色彩的哲学。

雅典哲学家苏格拉底反对相对主义，认为客观真理是存在的。他的哲学放在了伦理道德之上，更为关注人类的内心世界，是典型的唯心主义哲学。不过，他的唯心主义哲学有许多是合理的，并开创了辩证法的先河。

苏格拉底的哲学思想被柏拉图和亚里士多德继承并发展。柏拉图出身于雅典贵族，他是苏格拉底的学生。柏拉图的哲学思想核心是“理念论”，他认为世界分为两部分，即感觉中的自然世界和理念中的超自然世界。其中，感觉中的世界是不真实的，而理念中的超自然世界是真实的。在他的哲学观点之上，他设计了一个理想国。

在柏拉图的理想国中有三类人：分别是国家的统治者、保卫国家的武士，以及负责国家生产的农民、工人和商人。前两类人由后一类人供养。只有这三类人各司其职，国家才能繁荣昌盛。而柏拉图也是古希腊唯心主义哲学的典型代表。

亚里士多德是柏拉图的学生，对于老师的观点，他提出了批评。他认为事物是由“形式”和“质料”组成的，其中“形式”是指每一个事物的个别特征，“质料”指的是事物组成的材料，就好比人，人的形式是会哭会笑，一旦死亡，形式就会消失，只会留下作为“质料”的肉体。亚里士多德追求的是形而上学，信奉的是真理，所以他的哲学是摇摆在唯物主义和唯心主义之间的。值得一提的是，亚里士多德是一位博学的人，对很多学科都有研究，他将哲学和其他学科区别开来，令哲学成为一门独立的学科。

古希腊哲学的第三阶段出现在公元前336年左右，这个时期希腊被马其顿王国吞并。马其顿国王亚历山大大帝对希腊文化进行了广泛的传播，所以这个时期也被称为“希腊化时期”。这个时期的哲学也都是建立在希腊哲学之上的。

希腊哲学对后世的文艺复兴、启蒙运动，以及现代普通科学都产生了巨大的影响。而后世的哲学家们，也将希腊哲学称为“照亮世界的明灯”。

第五辑

古罗马

“母狼与婴儿”的传说

意大利罗马市政博物馆中，收藏着一个十分特别的藏品，那是一尊母狼哺育两个人类婴孩的青铜像。四肢健壮的母狼神态十分凶残，颈部环绕一圈卷曲的毛，腹部消瘦，乳房下垂，塑造得栩栩如生。母狼的腹部下，却藏着两个可爱的人类男婴，正抬头吮吸着母狼的奶水。这尊特别的青铜像背后究竟有怎样的故事呢？

这就要从特洛伊战争之后说起了。那时，有一些特洛伊人侥幸逃脱，乘船漂流到了意大利半岛。他们很快在这里定居下来，并建立了新的国家——亚尔尼龙伽。

亚尔尼龙伽国王有个弟弟，名叫阿穆留斯，是个权力欲极重的人。他处心积虑地从哥哥手中夺走了王位，因害怕哥哥的后代寻仇，便狠心杀死侄子，又逼迫侄女西尔维亚去做女祭司，终身不得婚配，妄图以此来断绝哥哥的血脉。

然而，西尔维亚却偷偷地和战神玛尔斯相爱了，两人还生了一对孪生子。阿穆留斯知道此事后非常愤怒，立即处死了西尔维亚，并命人将这对孪生子丢到台伯河中溺死。

侍从不忍对两个婴孩下手，便将他们装入一个大竹筐，再将竹筐放入台伯河中，让它顺流而下，将这对孪生子的命运交给神明去裁决。竹筐就这样在河流中漂漂荡荡，却一直没有沉下去。后来，一只母狼听到孩子的哭声，便将他们带回了山洞，用狼奶喂养他们。

母狼虽然救了这对孪生子的性命，但却无法教会他们如何在人类社会立足。幸好他们很快就被一位善良的牧羊人发现了，这位名叫福斯图卢斯的牧羊人收养了孪生子，并给他们取名为罗慕路斯和勒莫斯。

福斯图卢斯很快就从传言中推测出了孪生子的身世，但他并未因害怕惹祸就放弃他们，而是决定将这个秘密永远隐藏起来。在福斯图卢斯的照料下，罗慕路斯和勒莫斯两兄弟长成了有为的青年，他们健壮勇敢、武艺出众，很快就有了一批追随者。

一个偶然的机会，两兄弟遇到了他们的外公，并终于得知自己的身世。那时候，人们已经对阿穆留斯的残暴统治感到十分不满了，于是，两兄弟便乘势而起，带领那些备受压迫的底层人民冲入皇宫，杀死了阿穆留斯。

后来，他们回到从小长大的地方，并在那里建立起一座新的城市。但在为新城市命名时，为了争夺这座城市的最高统治权，兄弟二人却发生了激烈的争执。最终，弟弟勒莫斯死在了哥哥罗慕路斯剑下，而罗慕路斯则成为这座新城市的最高统治者。之后，罗慕路斯便以自己的名字为这座城市命名，即“罗马”。

那尊青铜雕像上的母狼正是当初救了孪生子性命的母狼，而那对孪生子自然就是罗马城的建立者罗慕路斯和勒莫斯两兄弟了。

罗马城建立之初，城中的居民主要是跟随罗慕路斯两兄弟造反的那些人。他们大多身份不高，有流浪汉、流亡者，甚至还有盗贼、流氓等。因为城中人口稀少，尤其是女性稀少，而周围的部落又不肯将姑娘嫁入罗马城，于是罗慕路斯便想了个损招。

他在罗马城中举行盛大的庆典，并广邀周边部落的人前来参加。节庆之日，许多人都带着妻女来看热闹，然而，就在众人的注意力都被各种新奇的游戏和表演所吸引时，罗慕路斯突然发出信号，罗马城中的青年们按照事先约定冲入人群，各自抓住自己看中的姑娘强行带走。

当时，前往罗马城参加庆典的有一个叫作萨宾的部落。罗马人的无耻行径激起了萨宾人的仇恨，一年之后，萨宾怒而向罗马宣战。就在两军对阵，战事一触即发之际，阵前突然冲出许多被罗马人抢走的萨宾妇女，她们披头散发地哭喊着，怀中还抱着嗷嗷待哺的婴孩，跪在地上哀求两军不要开战。她们不想失去父亲和兄弟，也不想失去自己的丈夫。就这样，这些可怜女子的眼泪洗刷了两个部落之间的仇恨，他们定下契约：从此两个部落将合二为一，互为兄弟，世世代代居住在罗马城。

这就是罗马城的传说。

影响世界的法律——《十二铜表法》

《十二铜表法》是罗马历史上第一部成文的法典。与现代法典不同，《十二铜表法》中记述的并非各类法律规范的总和，而是法律规定、道德戒律、伦理习惯以及宗教教义的“混合物”。

《十二铜表法》中包含的内容非常广泛，包括公法、私法、实体法、程序法、民法、刑法、世俗法、宗教法等诸多方面。而通过这些诸多的律法条文，我们可以窥见罗马奴隶社会早期的一些境况。

作为一个奴隶制国家，罗马共和国的贵族是享有很多特权的。他们不仅在政治上专权，在经济上也一直遏制平民。自罗马城建立以来，就一直在对外扩张。扩张就意味着战争，而战争的主力则永远都是平民。然而，这些靠平民连年出征、浴血奋战而得到的新土地，却绝大部分都被贵族收入囊中，用于供给自己奢侈无度的生活，只有很少的一部分会被拿出来进行分配。平民生活艰难，便只得以自己为抵押向贵族借高利贷，高利贷还不上，就只能沦为债务奴隶，以劳动来偿还债务，或干脆被债权人卖出去。

除了政治与经济上的不对等，在司法审判中，平民也常常沦为不公正判决的牺牲品。因为在当时，能够出任执政官的，全都是贵族，而罗马并没有成文的法律法规，这就造成了贵族与平民在司法面前的不对等地位。

政治、土地、经济、司法等各方面的问题不断激化着贵族与平民之间的矛盾，最终触发了罗马贵族与平民自公元前5世纪到公元前3世纪，持续了长达200余年的斗争。

公元前494年，在罗马与埃魁人和马尔西人战争期间，为了迫使贵族废黜不合理的债务法，许多军官与平民战士联合起来，拒绝出征。起初，贵族们并未将此次抗议放在眼里，只口头许诺，将士兵们糊弄上战场，随后便背弃了诺言。贵族们的言而无信激怒了平民，致使平民大军愤而离去，撤出战斗。一时之间，罗马兵力锐减、生产停滞，眼看就要面临战败的危险。无奈之下，贵族只得向平民妥协。

这是罗马历史上第一次和平撤离运动，在此次运动中，平民们团结一心，通过抗议为自己争取到了一定的权利。贵族不仅答应减轻平民的债务负担，并同意给平民阶级两个“保民官”的名额（后来发展到十个名额）。保民官这个职务虽然没有行政职权，但在职期间的行动是不受执政官与元老院所管束的。而且保民官有否决权，有权否决一切不利于平民利益的行为、法令和选举。自此，平民也终于有了自己的集会。

为了进一步争取司法上的平等，平民们再次组织起来，向政府施加压力，要求政府编纂成文的法律法典，而不是将一切司法解释权都交由贵族掌控。公元前450年左右，迫于来自平民阶层的压力，罗马政府终于正式颁布了罗马历史上的第一部成文法典，即《十二铜表法》。

相传在当时，为了制定法典，罗马先后选出了两个10人委员会。第一个委员会制定了10个法表后，第二个委员会又补充了另外两个。这些条文制定完毕之后，经过森都里亚大会的批准，便镌刻在了罗马广场的12块铜表上，故称为《十二铜表法》。

虽然总体来说,《十二铜表法》所维护的主要还是奴隶主贵族的利益，其中的很多条款也都尚显粗陋，但在那个时代，确实可以说是司法上的伟大进步，推动司法向“法律面前人人平等”的伟大目标迈出了历史性的一步。

此外，相比其他古代法典而言,《十二铜表法》的结构形式与内在逻辑已经是非常清晰合理的了。比如，从排列顺序上来说，它是先程序法后实体法，先私法后公法；私法中又是先人法后物法，最后才是诉讼法；公法之中则又分世俗法与宗教法。《十二铜表法》的出现对中世纪和近代欧洲法学都有着非常重要的影响。

罗马与迦太基的争霸战

公元前9世纪时，腓尼基人在北非建立了殖民地，称为迦太基（今突尼斯）。到公元前6世纪的时候，迦太基已经发展成为地中海附近一个人口逾70万人的强国，拥有很强的陆、海军军事力量。在当时，包括撒丁岛、科西嘉岛、巴利阿里群岛、北非西部沿岸、西班牙南部，以及西西里岛的大部分等，都纳入了迦太基的版图。

罗马人在公元前3世纪早期成为意大利的霸主之后，也打算继续扩张，进而称霸地中海。这样一来，自然就不免要遇上同样正在扩张海上势力的腓尼基人，双方就此展开了一场持续百余年的战争，因罗马人将腓尼基人称作“布匿人”，故而这场战争在历史上又被称作“布匿战争”。

布匿战争一共打了三次。第一次布匿战争发生在公元前264年至前241年，导火索是“墨西拿事件”。墨西拿是西西里岛的一个城邦，公元前265年时，墨西拿因爆发雇佣兵起义，同时向罗马和迦太基请求救援。迦太基方面反应很快，先罗马一步出兵占领了墨西拿。罗马统治者得知这一情况后，也于次年向墨西拿出兵，唯恐西西里岛落入迦太基人之手，就这样，第一次布匿战争的序幕拉开了。

起初，迦太基的海上军事力量要比罗马强一些。但罗马人非常善于模仿，他们得到一艘搁浅的迦太基战舰，并以此为样本，在希腊人的帮助下，制造出了一批新的战舰。此外，罗马人还制造了一种带尖钩的活动吊桥，只要将其钩到对方的甲板上，就能在战舰之间搭一座临时的“桥”，让不擅长水上作战的罗马人可以更方便地冲上敌船。

最终，罗马以200艘战舰组成的海上军队，于公元前241年3月，在伊干特群岛打败迦太基海军，赢得了第一次布匿战争的胜利。在这次战争中，罗马得到了迦太基支付的3200塔兰特赔款，以及西西里和其他一些岛屿。

这次的胜利让罗马人野心更甚，而迦太基人则心存不甘，因此，双方很快就爆发了第二次布匿战争。

公元前219年，迦太基的统帅汉尼拔率兵攻打萨贡托城，萨贡托早就归附了罗马，因此在收到消息后，罗马便立即派兵前往萨贡托支援。面对罗马的来势汹汹，汉尼拔决定抢占先机，先发制人。公元前218年春，汉尼拔从西班牙出发，绕到罗马军队后方，从阿尔卑斯山口越过后，如神兵天降般出现在意大利波河平原上，打了罗马人一个措手不及。

公元前217年，罗马大军在特拉西美诺湖全军覆没；次年夏，汉尼拔率大军4万余人在坎尼大败罗马8万大军，史称坎尼战役。此战让罗马全国上下都大为震惊，为对抗汉尼拔大军，罗马所有17岁以上的公民都被征召入伍。罗马兵分两路，一路拖延和迷惑汉尼拔大军，另一路则直接攻向西班牙。公元前205年，罗马将领西庇阿率军攻入了迦太基。

公元前202年秋，于扎马城附近，罗马与迦太基展开最后的决战，并获得了最终的胜利。次年，战败的迦太基被迫与罗马签订了一系列的屈辱条约，包括赔款1万塔兰特，出让除非洲之外的所有领土，以及将大部分舰船送交罗马等。自此，罗马确立了西地中海霸主的地位。

在之后的半个多世纪里，迦太基虽然已经无法在军事方面继续与罗马相抗衡，但商业发展却欣欣向荣，积累了大量的物质财富。这让罗马方面非常妒忌，为了获得更大的利益，罗马对迦太基发起了第三次布匿战争。

公元前149年，罗马突然向迦太基单方面宣战。由于双方军事力量的巨大差距，这场战争实际上相当于是罗马军团对迦太基的一场屠杀。迦太基无力反抗，只得求和，并应罗马方面的要求，将城中全部武器和作为人质的300名儿童都交给罗马。然而，面对迦太基的退让，罗马却并不满足，他们进一步提出，要迦太基人离开迦太基城，移居到内地去生活。

罗马的霸道无理彻底激怒了迦太基人，他们决定背水一战，死死地守住迦太基城。一直到公元前146年，罗马大军才终于突破迦太基的城外防线，与迦太基人展开了整整六天六夜的巷战。

这场战争结束之后，原本人口逾60万人的迦太基城，最终只剩下了5万余老残妇幼。罗马人最终将迦太基夷为平地，彻底毁灭了这座曾经繁荣一时的城市，而那些幸存下来的迦太基人，也沦为了奴隶。

征服迦太基后，罗马又接连征服了地中海东部的马其顿王国和小亚细亚的西部、中部。到公元前117年的时候，罗马帝国的版图已经囊括了北到英国，东到波斯湾，以及亚洲、非洲的很大一部分和几乎全部欧洲地区，迈出了称霸世界的一大步。

为平民献身——格拉古兄弟改革

罗马在公元前2世纪中叶时，已经几乎将整个意大利收入囊中，成为地中海地区的霸主。然而，在繁荣的表象之下却暗潮涌动。

作为一个奴隶制国家，罗马一直使用大量的奴隶来创造价值，在奴隶主的残酷压迫下，奴隶的激烈反抗也从未停止过。而且，罗马国内有着严重的土地问题，许多农民在破产失地之后，便成为引起社会动荡的不稳定因素之一。此外，因罗马实行公民兵制，即无产者不得服兵役，使得罗马陷入了兵源不足的困境之中。

在这样的情况之下，为了振兴罗马，格拉古兄弟于公元前2世纪下半叶发动了一场改革运动，试图解决罗马存在的土地问题。虽然这场改革运动以失败告终，但这两位具有献身精神的政治家依然赢得了罗马人的怀念与敬仰。

格拉古兄弟出身显赫。哥哥提比留·格拉古曾参与过与迦太基的战争，后来在努曼提亚战争时期担任过财务官，在平民中声望极高。在公元前133年的时候，提比留·格拉古被选为保民官。很早之前，提比留就已经意识到罗马存在的土地问题，因此在就任之后，他便提出了一项土地改革法案。

提比留的土地改革法案以限制多占土地为主要内容，他提出，国家应该规定佃户的租地限额，并将多余的土地收回，按照一定的规定重新进行分配。这样一来，原本没有土地的罗马平民就能拥有自己的土地，不需再四处流浪，加剧社会动荡了。为了推动这一改革的实施，提比留还建议组成一个特别委员会，专门处理关于土地回收和分配的问题。

这一法案得到了平民们的拥护，同时也遭到了富人们的激烈反对。为了阻止这一法案的实施，许多富人暗地里收买了另一个名叫屋大维的保民官，让他行使否决权来阻止法案的实施。但后来，提比留的土地法案还是顺利通过了，屋大维也因此被免去了保民官的职务。

提比留的土地法案通过之后，他所提议的特别委员会也被顺利组建起来，成员除了他自己之外，还有他年仅18岁的弟弟盖约·格拉古，以及法案的另一位创始人阿庇安·克劳狄。

虽然法案得以通过，但因为富人们的抵制和刁难，公有土地回收的工作进行得十分艰难。尤其是在这个时候，提比留的保民官任期已经快要结束，为了土地改革的顺利实施，他决定再度参与下一任保民官的选举。然而不幸的是，为了瓦解委员会，阻挠法案的实施，元老贵族派竟诬陷提比留是僭主，将他和他的300余名支持者都活活打死了。因害怕引起民怨，杀害提比留之后，这些元老贵族派并没有公然取消委员会。

公元前123年，盖约·格拉古被选举成为保民官，继续推动哥哥提比留的土地改革。和提比留一样，盖约也是耿直严谨的人。他在上台之后，进一步推动和扩大了改革运动，并相继提出土地法与移民法。

盖约的土地法与提比留提出的土地改革大同小异，没有什么太大的差别。移民法则主要是针对罗马国内因人口增长而导致土地资源不足问题的法案。盖约提议，分别在意大利南部和北非的迦太基建立移民地，将国内一部分居民迁居过去。

除了这两项法案之外，盖约还提出了一些非常著名的法案，如粮食法、兵役法和行省授命法等。粮食法的主要内容是，让国库为贫穷的城市公民定期提供免费或廉价的食物；兵役法的主要内容有两方面：一是禁止将17岁以下的公民征召入伍，二是国家要负责供应应召入伍的士兵所需；行省授命法的主要内容是，在执政官选出之前，元老院就必须先确认其卸任后将会到哪个海外行省任职。

审判法和亚细亚包税法也是盖约在保民官任期内提出并实施的两项重要法案。审判法提出，为确保审判的公正性，陪审官不能完全由元老院指派，而是应该分别从骑士与元老中选拔，双方各出300人。亚细亚行省包税法则规定，应将帕加马地区的征税权包给骑士，并以该行省年产量的十分之一为税收。

当然，盖约所提出的诸多改革也存在一些纰漏和问题。比如，他为争取更多支持者而提出，想要将罗马的公民权赋予某些意大利的“同盟者”，这一提议就激起了罗马上下的一致反对，甚至让他失去了平民的支持，还直接导致他在竞选第三任保民官时落选。

随后，元老贵族派对盖约展开了疯狂的报复。公元前121年，在卡皮托林的一次会议中，元老贵族派势力对盖约及其支持者发起了有组织的武装袭击，致使3000多人遇害，盖约也在绝望中自尽。

虽然格拉古兄弟在这场改革运动中只落得悲剧的结局，但这也说明，罗马土地所有制的发展与公民兵制的瓦解已是大势所趋，是历史发展的必然。

马略的军事改革和苏拉的独裁统治

格拉古兄弟死后，他们一直努力推行的土地改革自然也就告终了。在元老院的支持下，大土地的占有不再受任何限制，无数小农纷纷破产。如此一来，罗马的公民兵制自然也随之瓦解。兵源枯竭、军纪败坏、士气涣散，这就是当时罗马军队的实际情况。

由于军事力量的急剧削减，罗马在与北非努米底亚国展开的朱古达战争中频频失利。在这样的情况下，罗马著名的军事家盖乌斯·马略站了出来，大刀阔斧地展开了一系列的改革。

盖乌斯·马略为普通农民出身，没有显赫的家庭背景，受教育程度也不高。但他是个非常有智慧的人，且极具军事天赋。多年的戎马生涯既为他赢得了众多士兵的爱戴，也让他对罗马军队中存在的种种问题了如指掌。

当上执政官之后，马略就根据罗马当时的社会情况，将公民兵制改成了募兵制，但凡是有参军意愿且符合服役条件的罗马公民都可以应募入伍，无须再考察财产等级。募兵制的服役期为16年，入伍参军后，武器与装备都由国家提供，此外，国家还会给士兵发一定的军饷，服役结束之后，士兵还能分到属于自己的土地。为了进一步增强军事力量，马略还招募了一批属于同盟者身份的自由民，这样一来，罗马的兵源问题就得到了解决。

解决兵源问题之后，马略就把工作重心放到了军纪的整顿和士兵的训练上，有效地提升了军队的战斗力。公元前107年，马略率新兵奔赴战场，此后成功地扭转战局，为罗马赢得了朱古达战争的最终胜利，并借由此次胜利的余威，一举击败了入侵波河流域的森布里人和条顿人。

公元前105年，居住在波罗的海沿岸的日耳曼部落打算向西南迁移，寻找新的居住地。在这个过程中，这些日耳曼部落与阿拉乌西奥附近的罗马军队发生了战争，最终，马略率军击退了日耳曼人，他的名声由此响彻了整个罗马。而在此期间，马略也终于全面地完成了对罗马的军事改革。

马略的军事改革不仅为罗马解决了公民兵制带来的兵源枯竭问题，还让大量的无产贫民找到了新的谋生方式——加入军队，这一举措不仅巩固了罗马的统治政权，同时也大大地稳定了罗马社会。当然，这一制度同样也存在不足，它使原属于国家的公民兵，变成了长期服役的职业军团，士兵则成为雇佣军人。这样一来，就相当于强化了将领在军队中的重要性，久而久之，军队将会成为个人实现政治野心的筹码与工具，从而促进军事独裁政治的产生。

一直以来，被罗马征服的意大利“同盟者”都在要求取得公民权。公元前91年，保民官德鲁苏斯重提此事，被元老院否决之后，德鲁苏斯随即被暗杀，意大利人愤而起义，同盟者战争就此拉开帷幕。

在这场战争中，马略的部将苏拉脱颖而出，声名鹊起，风头甚至渐渐压过了马略。苏拉来自一个元老贵族家庭，出身比马略高得多，自公元前88年当选执政官之后，便一直代表元老派与马略“打对台”，他们之间的争斗持续了数年。

公元前88年，马略策动保民官卢福斯，利用其手下一支被称作

“元老院反对者”的武装力量，强行将苏拉的战争指挥权剥夺，交到了马略手中。苏拉收到消息之后，立即率军攻回罗马，将马略打了个措手不及。毕竟在苏拉之前，还从来不曾发生过罗马军队向自己的城市进军的情况。很快，苏拉就率军进入罗马，成为罗马的实际掌权者。马略则被迫逃往北非。

苏拉掌权之后，立即下令将平民会议取消，并不断削减保民官的权力，抬高元老院的地位。在苏拉的支持下，元老院成为罗马最高的权力机关，任何法案想要通行，都必须先经过元老院的批准。此外，苏拉还直接指派了300名自己手下的人去充任元老，将元老院变成了只听他一人指挥的工具。

公元前87年，趁苏拉率军出征之际，马略联合执政官秦纳一起控制了罗马。随后，马略对罗马进行了一系列的改革：恢复卢福斯的法案，将部分债务取消，增加粮食分配，以及推行币制改革等。为了将苏拉党羽彻底消灭，马略在罗马展开了前所未有的恐怖统治，全城搜捕和屠杀苏拉的党羽，这一行动持续了整整五个昼夜，罗马城血流成河。

很快，年迈的马略去世了。而苏拉则带领大军在巴尔干和小亚细亚战场上取得了压倒性的胜利。公元前83年，苏拉率军返回罗马，与马略的余党展开激烈的内战。次年，苏拉带兵攻入罗马，血洗了罗马城，无数的贵族和平民都惨死在苏拉所率领的罗马大军的屠刀之下，他们的财产也都纷纷被掠夺，成为苏拉的囊中之物。这大概是发生在罗马城中最惨烈的一次罗马人对罗马人的大屠杀了。

内战胜利后，苏拉成了罗马城的终身独裁官，将军政大权握于掌中，成为罗马名副其实的主宰者。但他并未在罗马建立帝制，而是依旧保持了选举执政官的制度，元老院则正式成为罗马在立法与司法上的最高权力机构。至于公民大会，虽然未被取缔，但也早已形同虚设。就这样，罗马在苏拉统治下首次进入军事独裁的时代，迈出了否定共和原则以及取消共和制度的第一步。

公元前79年，苏拉突然在一次公民大会上宣布引退，放弃手中所有的权力。次年，苏拉病死。苏拉究竟为什么会在如日中天时选择引退，这已经成了一个历史谜题，时至今日，恐怕也没有人可以解答这个疑问。

英名永存——斯巴达克起义

苏拉死后的很长一段时间里，罗马依旧笼罩在其党羽的余威之中，一直到斯巴达克起义爆发，才终于打破这一黑暗僵死的局面。

斯巴达克原是居住在巴尔干半岛东北部的色雷斯人，在罗马攻打北希腊的战争中被俘。因体魄强健，又具备一定的军事素养，斯巴达克便被罗马人送入了卡普亚城的一所角斗士学校，成为一名角斗士奴隶。

众所周知，古罗马非常具有标志性的建筑之一就是斗兽场。这是古罗马的奴隶主们为取乐而建造的，城中规模最大的角斗场足足可以容纳9万多名观众。在每一次角斗比赛开始之前，举办人都会先贴出广告，吸引观众前来观看比赛。这是许多贵族、奴隶主、大商人乃至平民都喜爱的娱乐活动。角斗比赛最刺激的环节，其实是下注赌博，这也正是赛事最吸引观众的地方。角斗士在场上的拼杀胜负不仅仅是一场嗜血的观赏盛宴，更直接关系到众多赌徒的进账问题。

通常成为角斗士的都是奴隶，大多为色雷斯人、高卢人和日耳曼人，也有少部分来自非洲或其他地方的战俘。

角斗士学校与我们今天的学校自然是完全不同的，那更像是一个残酷的训练营，角斗士们每天都过着与野兽相拼或自相残杀的日子。斯巴达克在进入角斗士学校之后，很快就聚拢了一批和他一样不甘屈服于命运、任人宰割的角斗士奴隶，他们联合到了一起，决定以暴动的方式来反抗罗马贵族奴隶主的压迫，为自己争取自由的机会。

然而，就在斯巴达克与伙伴们还在谋划起义事项时，有叛徒走漏了风声。于是，众人只得立即展开行动，争取在贵族奴隶主反应过来之前抢占先机。角斗士们冲入厨房，拿起了刀和铁叉做武器，他们冲向校门，将警卫杀死后，终于逃出囚笼，奔向广阔的天地。

当时，从角斗士学校成功逃出的角斗士有78人，他们一路奔逃，袭击了数个奴隶主庄园，抢夺下一些武器与粮食。在斯巴达克的率领下，这支由角斗士组成的队伍在维苏威山建立起自己的根据地。

消息传出之后，很多逃亡的奴隶和农民都前来投奔，很快，这支由斯巴达克带领的起义队伍就发展到了万余人的规模。在此期间，这支起义军和罗马的一些非正规军发生过几次战争，均取得了不小的战果。

随着队伍规模的扩大，斯巴达克开始以罗马军队为样本，对起义军部队实行改编。除了最常见的步兵之外，斯巴达克还在队伍中相继建立了骑兵、侦察兵、通信兵和小型辎重队。此外，斯巴达克还在军中制定了严格的规章法度，加强对士兵的训练。除了每次战斗中从敌人手中夺取武器之外，兵营里也开始自己组织起来，进行武器的制造。很快，这支发展得颇具规模的起义队伍就控制了整个坎帕尼亚平原。

公元前72年年初，斯巴达克的起义军规模增至6万余人。随后，起义军迁往阿普里亚和卢卡尼亚，规模进一步扩大到12万人左右。

罗马元老院被起义军的迅速发展和庞大规模所震慑，终于开始正视这支他们原本并不放在眼中的奴隶队伍。为了阻断起义军的发展壮大，元老院派遣执政官楞图鲁斯和盖利乌斯，分别率领两支军队，前往讨伐斯巴达克。

面对这种情况，起义军内部在战略决策问题上产生了重大分歧。以斯巴达克为首的大部分奴隶认为，敌我双方实力悬殊，想要在意大利本土建立政权并不容易，倒不如暂避锋芒，离开意大利，前往罗马势力尚未涉及的高卢地区，而以起义军部将克里克苏为首的当地牧人和贫农则不愿离开家乡，打算继续与罗马军作战，从他们的手中夺回失去的土地。

最终，因双方意见无法达成统一，克里克苏便率领3万余人的队伍离开了斯巴达克。后来，这支队伍被罗马军队在伽尔伽努斯山下（阿普里亚北部）击溃，2万余人在此战中丧生。

克里克苏离开后，斯巴达克便带领剩下的人按计划北进，结果遭到了罗马军的阻截。斯巴达克果断地率部改道南下，处理了身后追击的两小股罗马军后，又再次率军北上。在这一过程中，斯巴达克的起义队伍仍在不断壮大，据说极盛时达到了12万余人。

公元前72年，斯巴达克率领起义大军成功地穿过了整个意大利，在途经齐扎尔平斯高卢省（北意大利）时，与卡西乌斯总督的军队展开激战，并赢得了胜利，史称摩提那会战。此后，起义军决定放弃翻越阿尔卑斯山的计划，掉头南行。

起义军的动向引起了罗马的恐慌，但实际上，斯巴达克此时还并不准备和罗马发生正面冲突。他计划率领大军直奔意大利半岛南端，穿过墨西拿海峡之后，直取西西里岛。但不幸的是，在大军准备横渡墨西拿海峡时，原本答应提供船只的海盗却违约了，致使渡海计划未能完成。与此同时，元老院也派出了大军，由大奴隶主克拉苏统率，前往镇压起义军。

克拉苏命人在起义军后方挖了一条长约55千米，宽和深均为

4.5米的壕沟，两头通海，以此来切断起义军的后撤之路。但最终，在付出了惨痛的代价之后，起义军还是成功地冲破了这道工事。

公元前71年春，斯巴达克计划率领起义军突袭意大利南部的布林迪西港口，然后前往希腊，再进军色雷斯。但此时，庞培大军已经从西班牙返回，前往增援克拉苏，罗马军势力大盛。最终，起义军与罗马军在阿普里亚省南部展开了最后的对决。

因双方实力悬殊，6万余起义军很快就死在了罗马大军猛烈的攻势下，斯巴达克也在此役中壮烈牺牲。有5000余起义军侥幸逃脱，却在逃往北意大利时被庞培歼灭，还有6000余人被罗马军俘虏，钉上了十字架。

最终，轰轰烈烈的斯巴达克起义在失败中落下了帷幕，只在历史上留下一声沉重的叹息。虽然这次起义没有获得成功，但它却给予奴隶主统治沉重的一击，暴露出罗马政治体制的诸多弊端，激化了奴隶主统治集团内部的斗争，在一定程度上促进了共和制的瓦解，在历史上具有非常重大的意义。

▲ 斯巴达克雕像

从“前三头同盟”到恺撒独裁

罗马进入晚期共和国时期后，共和制统治形式的诸多弊端已经暴露无遗。然而，因元老贵族派的阻挠，想要实现制度改革并不是件容易的事。直到后来，许多支持共和制的元老贵族，都死在了苏拉与马略的党争中，反对共和的势力才开始日益壮大起来。

在这样的背景之下，罗马的政治舞台上接连出现数位军事政治方面的强人，在历史上留下了深刻的痕迹。他们分别是崛起于镇压斯巴达克起义战争中的克拉苏、剿灭海盗并获得米特拉达悌战争胜利的庞培以及拥有勃勃野心的没落贵族恺撒。

财力雄厚是克拉苏最大的优势，强大的军团则是庞培最大的倚仗，唯独恺撒，既没有财产也没有军队，只有因慷慨好施而背上的巨额债务。

公元前70年，克拉苏和庞培都通过选举成为执政官。二人上台之后，立即拨乱反正，恢复了保民官的权力，并将司法权和包税权重新交还给骑士分享。虽然在某些事情上，克拉苏与庞培意见一致，但二人之间却始终存在着不可化解的矛盾，双方都希望能够压倒对方，成为罗马实际上的最高统治者。

克拉苏与庞培的矛盾让恺撒有了发展壮大的机会和空间。恺撒是个极为聪明的人，尤其善于笼络人心。他常常为平民举办盛大的演出活动，并无偿提供食物，很受平民的爱戴。此外，他还是个极有胆识的人，敢于揭露元老贵族贪污受贿的行径，在骑士和平民中都极有威望。

公元前62年，恺撒终于得到一个机会，将于次年出任西班牙总督。但那时候，他却因陷入经济困境而难以成行。克拉苏得知此事后，便打算向恺撒示好，拉拢他帮助自己一起对付庞培，于是克拉苏主动替恺撒做了担保，这才让他能够顺利赴任，从而正式踏入罗马政坛。

在就任期间，恺撒展现出了卓越的才能，将西班牙的财务打理得井井有条。公元前60年，恺撒回到罗马，正值庞培与元老院斗得不可开交之际。当时，庞培大军在东方战场上取得了巨大胜利，同时也收获了许多战利品。庞培在战争中的巨大获利让元老院的贵族们忌恨不已，他们不仅拒绝了庞培拟定的各项东方政策，还不肯按照规矩给士兵分配土地。

面对这样的状况，恺撒开始从中周旋，并成功地说服庞培与克拉苏暂时和解。公元前60年，出于各自不同的政治需求，恺撒、克拉苏与庞培正式结成秘密联盟，共同抗衡元老院的共和派势力，历史上将此次结盟称为“前三头同盟”。

公元前59年，恺撒在庞培与克拉苏的支持下成为罗马新的执政官。就任之后，恺撒立即批准了庞培所拟定的一切东方政策，并按照土地法给庞培手下的老兵和多子女公民分配了土地。当然，恺撒也没有落下克拉苏，为了笼络以克拉苏为代表的骑士包税商，他主动宣布减免了亚洲包税金的1/3。

恺撒深知，想要实现自己的政治野心，除了拉拢庞培与克拉苏的势力之外，他更需要的，是扩充自己的实力以及做出更多的业绩，从而累积自己的政治资本。经过多番考量之后，恺撒决定出任高卢

▲ 恺撒大帝雕像

行省的总督一职，并将此地发展成自己的根据地。

选择高卢是恺撒深思熟虑后的决定。从地理环境上来说，古代高卢以阿尔卑斯山为界，分为山南高卢和山北高卢两部分。山南高卢是在公元前3世纪末期纳入罗马版图，成为罗马的一个行省的，而山北高卢则一直处于罗马势力之外。但山北高卢幅员辽阔、土壤肥沃、物产丰饶，一直以来，征服这里就是恺撒的梦想。因此，在上任之后，恺撒便利用高卢本地各部落之间的矛盾，开始挑起争斗，削弱各部落的战力，以手下四个军团的兵力，逐步蚕食各方势力，最终征服了高卢全境。

庞培和克拉苏对恺撒在高卢的胜利眼红不已。公元前56年，伊达拉里亚北部的路卡所举行的会议决定，让恺撒继续担任高卢总督的职务五年，在此期间，庞培与克拉苏则一同出任执政官。待任期满后，再由庞培出任西班牙总督五年，克拉苏出任叙利亚总督五年。

三人开始为日后的权力争夺积蓄力量。

公元前53年，克拉苏因轻敌冒进，在东方的帕提亚身亡，从此退出了历史舞台。罗马政坛的三巨头也只剩下两巨头了。

克拉苏死后，恺撒的势力继续在高卢扩张，今天法国北部和比利时地区当时都被恺撒纳入了罗马的版图，他甚至还率领罗马大军渡过莱茵河，两度侵入不列颠。为了赢得更多声誉，恺撒作了《高卢战记》一书，来宣扬自己在高卢的种种成就。

恺撒势力的日益壮大给庞培造成了巨大的压力，也让元老院感到十分恐慌。事实上，早在恺撒掌权之初，他与元老院之间就已经存在诸多矛盾了。于是，为了政治利益，元老院很快就和庞培展开了合作，共同对付恺撒。

公元前49年，元老院和庞培决定，在恺撒总督届满时，逼迫他交出兵权，并解职回国。恺撒得知消息后，立即率军进攻罗马，打了庞培和元老院一个措手不及。无奈之下，庞培和元老院只得暂且逃往希腊。

公元前48年，恺撒在法萨罗战役中大败庞培，并一路追击到埃及，将庞培杀死。与此同时，恺撒还在埃及托勒密王朝的王位之争中，与美丽的克娄巴特拉达成合作，扶持她做了埃及女王。

公元前46年到前45年，恺撒先后扫清了庞培在非洲和西班牙的残余势力，彻底结束了罗马内战。

公元前48年，恺撒成为罗马新的执政官，并被推选为终身保民官。公元前44年，恺撒成为终身独裁官。

恺撒是继苏拉之后，又一次在罗马建立起独裁统治的统治者。在掌权期间，恺撒对元老院进行了彻底改组，将元老的数目增加至900人，自此，元老院成了恺撒手中的统治工具。此外，为进一步巩固政权，恺撒还采取了一系列的措施，如增设行政官员、提高行省地位、扩大罗马公民权范围以及建设用于安置老兵和贫民的移民城市等。到了这个时候，罗马的共和制其实基本上已经是名存实亡了。

虽然恺撒以一己之力瓦解了元老院的共和派势力，但他却并未彻底消除共和传统的习惯势力。公元前44年3月15日，恺撒的亲信布鲁图斯因被策反，与元老院的旧元老共和派相勾结，打着反对独裁、恢复共和的旗号，在元老院会议厅内击杀了恺撒，连刺23剑，结束了这位一代天骄传奇的一生。

“后三头同盟”和屋大维

恺撒被刺杀以后，原本已经稳定下来的局势重新陷入了混乱。恺撒执政的方略让罗马不少人民得到了切实的好处，为恺撒复仇自然就成了他们的愿望。共和派元老贵族认为，布鲁图斯和卡西乌斯是刺杀暴君的英雄，但是在民众心中他们则是杀害英雄的凶手。混乱的政治状况不可能一直持续下去，需要一位英雄人物站出来，而再一次让罗马的政治状况走向平稳和统一的这个人就是盖乌斯·屋大维，即奥古斯都。

屋大维当时只有18岁，他没有军队，也没有属于自己的政治势力。不过恺撒一早就将其看作自己的继承人，将其收为养子，看中了屋大维聪明的头脑和敏锐的政治嗅觉。

恺撒去世以后，继承了恺撒地位的不是屋大维，而是安东尼。安东尼并不具备恺撒的雄才大略，所以导致恺撒这一政治派别力量越来越弱，元老院的力量越来越强。屋大维的出现引起了元老院的注意，元老院认为，屋大维既没有军事力量也没有政治力量，是个很好控制的人。如果能利用他的身份对抗安东尼，恺撒派将处在元老院的掌控之下。屋大维同样想要借助元老院的力量，于是他跟元老院合作，却在利用元老院的力量成为执政官以后就转头向元老院发动了进攻。

将元老院视为敌人的屋大维、安东尼和雷必达公开结成了后三头同盟，他们协议在五年内，高卢将是安东尼的势力范围，非洲、西西里和撒丁尼亚则由屋大维控制，雷必达分到的是西班牙，最重要的罗马地区则由三人共同管理。而安东尼和屋大维有权力，也有义务收回布鲁图斯和卡西乌斯控制的东方地区。

后三头同盟结成以后马上就将矛头对准了元老院，包括西塞罗在内的300名元老和2000名骑士都没能逃过这一劫。

没有了共和派，后三头所能控制的地区又增加了，那么势力范围也需要重新划分。屋大维将成为意大利和高卢的统治者，安东尼的势力范围在罗马东部，而雷必达则负责管辖北非。屋大维成了罗马地区的最高统治者，他不断地拉拢元老、骑士等上层阶级，又持续为自己造势，将自己塑造成了公民的代言人，很快他的声望就远远地超越了安东尼和雷必达。公元前36年，盘踞在西西里和撒丁尼亚的小庞培势力被屋大维消灭，大军顺势进入北非，将雷必达的权力收归己有，后三头的和平局面被打破。

此时，身为东方总督的安东尼雄心不再，过上了奢侈享乐的生活。他与恺撒的情妇克娄巴特拉结婚了，并且表示要将自己管辖的领土送给克娄巴特拉的儿子。这一情报传出以后，安东尼在罗马的声望一落千丈。等到后三头五年协议到期以后，屋大维就与安东尼翻脸了。支持安东尼的执政官和元老们纷纷逃跑，屋大维趁机要求元老院宣布安东尼是罗马的敌人，并且向克娄巴特拉宣战。

屋大维和安东尼在希腊的亚克兴角开战，战争的初期势均力敌，谁也没占到什么便宜。但是，在战争最为激烈的时候，埃及女王克娄巴特拉突然率领埃及舰队回国了，安东尼也跟随克娄巴特拉回了埃及，安东尼的军队全线溃败。这场胜利让屋大维真正地成了罗马帝国的主宰者，真正将恺撒所有的遗产收入囊中。不到一年，屋大维的大军就攻入了埃及，走投无路的安东尼和克娄巴特拉自杀，埃及的托勒密王朝就此灭亡，埃及也成了罗马帝国的一部分。

屋大维统一罗马，将埃及并入罗马的版图之中，声望与统治范围到达了巅峰。从那以后，罗马的共和制名存实亡。

即便共和制名存实亡，屋大维已经是罗马实际意义上的独裁者了，但是想要称帝，想要光明正大地建立专制制度却不是一朝一夕的事情。屋大维先是成了执政官，随后又成了终身保民官，再后来又获得元帅称号，成为监察官。此时已经没有任何个人以及机构可以限制屋大维的权力了，但屋大维还在继续试探，还是想要弄清楚罗马人民是否能接受国家制度从共和走向专制。

公元前28年，屋大维已经成了元老院的首席元老。随后屋大维就表示自己手中的权力实在太大了，这是对共和制的破坏。他愿意放弃权力，让罗马重新回到共和制上来。元老院给了屋大维新的称号“奥古斯都”，并且将管理高卢、西班牙和叙利亚三个行省的权力交到了他的手上，设定的期限是十年。当然，十年之后屋大维并没有交出自己的权力，期限又被再次延长。在政治和军事方面，屋大维已经拥有了说一不二的权力。接下来，他还想要掌握宗教方面的权力。于是，屋大维就成了大祭司长，这是宗教方面的最高职务了。从此，屋大维集宗教、军事、政治权力于一身，成为罗马当之无愧的“祖国之父”。他的权威无可动摇，罗马公民们将他作为神明一样崇拜，甚至还为他建造了许多祭坛和神庙。

屋大维的个人权力已经超过了整个元老院，但此时罗马的官员职务以及政府管理机构并没有发生什么变化。恺撒的前车之鉴就在眼前，屋大维不想步恺撒的后尘。于是，他并没有将自己变成罗马的国王、皇帝，而是采用了“元首”这个称号，建立了全新的独裁统

▲ 屋大维雕像

治方式。元首制与传统的封建王朝制度也有很大的不同，元首不是君主，从理论上来说罗马人民和元老院才是元首力量的来源，而且元首不能将自己的元首位置传给自己的儿子。元首制度在罗马延续了311年，这段时间被人们称为“早期帝国”。

屋大维的确是一位英明的统治者，在他担任元首的时候，对流氓无产者进行了严厉的打击，给了平民更多的保护。他让罗马恢复到了以往淳朴的风气，鼓励公民多多生产，建立完整的家庭关系。屋大维抵制铺张浪费，提倡简单朴素的生活。他下令兴建了许多公共设施，包括剧场、水道、浴池、神庙等，还因此恢复了罗马的传统宗教。

在政治方面，屋大维增加了自己亲自监督的法庭，给许多城市、行省自治权，提拔官员不看出身和财产，而是根据能力。他建立了明确的上下级负责制度，地方总督向屋大维负责，而地方官员则向总督负责。屋大维只需要控制好总督，就能保证地方上的官员不出现横征暴敛、贪污腐败的现象。而废除行省包税制度，更是从根本上限制了行省官员的权力。

屋大维对罗马的统治时间长达40余年，在这段时间里，罗马得到了前所未有的安定，各行各业也都得到了长足的发展。屋大维统治罗马40年，并影响了后续的200年，这段时间被人们称为“罗马和平”。

庞贝古城的黄昏

公元79年8月23日的深夜，一场灭顶之灾悄然而至，维苏威火山爆发了。顷刻之间，地动山摇，平静的那不勒斯湾翻腾起汹涌的波涛，喷发的熔岩和火山灰将地面覆盖起来，接连的暴雨引发了山洪，大水与泥沙混合裹挟在一起，形成一股巨大的泥石流，朝着庞贝城倾泻而下。

庞贝人的美梦霎时间变成了噩梦，连绵的建筑在火山碎屑的积压下倒塌，无数人被落下的砾石击中而倒下，岩浆腾起的热浪炙烤着房屋的残垣与躲避的人们。黑色的火山灰滚滚而来，将每一扇门和窗都封堵得严严实实，也堵住了每一个庞贝人的眼睛与胸膛，堵住了他们活命的机会。伴随火山喷发而产生的有毒气体，无情地剥夺了庞贝人的生命。

那时候的庞贝城，一连三天都不见天日，被火山碎屑掩埋到了地底深处。直到千年之后，这座曾繁荣一时的罗马古城，才被后人发现。

庞贝城可以说是昔日罗马辉煌时期的缩影。它的开发始于公元前8世纪前叶，一直到公元前1世纪才成为罗马的一个自治城市。庞贝城地理位置非常好，面朝那不勒斯湾，北靠维苏威火山，被萨尔诺河所环绕，是古罗马帝国与世界各地贸易往来的枢纽中心。此外，庞贝的自然条件十分优越，土壤肥沃、气候宜人、物产丰饶。人们在那里栽种谷物和蔬菜，还有无花果、迷迭香、成排的葡萄、油橄榄。

庞贝城四周有石头砌的城墙，城中主街有四条，呈“井”字形排列，两侧设有人行道。行车的石板路面上，哪怕过了千余年，也仍能看到深深的辙痕，可想而知当年那车水马龙的繁华。在每一个十字路口，都有装饰着精美雕像的水池，池内蓄着从水塔流下的泉水，供人们取用。

庞贝城内最宏伟的建筑群，如政府、法院、大庙宇等，都集中在城区西南部的长方形广场四周。政府设有议事厅，供官员们办事。法院是一幢两层楼高的长方形建筑，人们在这里进行司法审判和签订贸易合同。广场东北部有商场，鳞次栉比的店铺依稀可见时光深处的繁荣。那里还有一家面包房，上头甚至还清晰地写着店主的姓名。

▲ 庞贝古城

竞技场和大剧场在庞贝城的东南角，那里经常举行角斗士的比赛和其他一些娱乐活动。庞贝城的竞技场非常大，能够容纳2万余人，大约是庞贝城全部居民的数量。当庞贝城被后世人发现，从深埋的地底重见天日时，人们还从角斗士学校里发掘出了63具身上戴着锁镣的骸骨，很显然，在灾难降临的那一刻，没有任何人想起这些可怜的角斗士，他们就这样毫无反抗力地被活埋了。

古罗马社会悬殊的贫富差距在庞贝城里体现得淋漓尽致。在庞贝城的遗址中，完整地保存下了许多贵族与富商居住的豪宅。入门便是大理石圆柱和雕刻着精美花纹的门楼，天神和野兽的塑像矗立在走廊与庭院，墙上是各式各样的壁画，就连地板上都装饰着精美的镶嵌画。

公共浴场是庞贝人日常生活中不可缺少的重要场所。庞贝城的公共浴场同样也修建得十分豪华，浴池是用大理石砌成的，设有冷热水管道，方便人们调节水温。浴场中还设有更衣室、按摩室、美容室等，功能齐全，与现代的洗浴中心相比也是毫不逊色。

优越的自然环境和地理位置让庞贝人过上了奢华富足的生活，直至灾难降临的那一刻，庞贝人都不曾想过，那肥沃的土地之下，竟埋藏着毁天灭地的力量。就像那看似辉煌繁荣的古罗马帝国一般，一旦那蓄积了数百年力量的火山爆发，一切的繁荣都将被摧毁，深埋于历史的尘埃之下。

罗马帝国的覆亡

罗马帝国发展到鼎盛时期之际，就连地中海都被收入囊中，成了帝国的内海。然而，不过一个多世纪的时间，这个曾经不可一世的繁盛帝国就已经开始走向衰亡，在风雨飘摇中迈入了政治、文化、经济、军事的全面危机时期。

事实上，罗马帝国的衰亡并非无迹可寻。那些衰落的隐患，早在其繁盛时代，就已经埋藏在了辉煌的表象之下。

罗马帝国有着十分庞大的官僚机构，供养着数十万的军队，而这些也大大加重了人民的负担。官员们争权夺利、贪污成风；军队里纪律散漫、人心涣散；奴隶主穷奢极欲、荒淫无度。而为这一切埋单的，则永远是帝国底层的贫民与奴隶。

罗马人追求享乐。公元1世纪到2世纪，是罗马帝国发展的鼎盛时期。为了炫耀太平盛世，政府每年都在增加各种节庆娱乐日。1世纪时，罗马一整年的节庆日加起来共有66天，到2世纪时，就已经增加到了123天，占据了全年的三分之一还要多！而且，罗马的节庆日可不只是“放假休息”这么简单，几乎在每个节庆日，政府都会举行盛大的游艺娱乐活动，耗资巨大。

奢侈之风盛行的结果，就是举国上下，无论是奴隶主、贵族，还是作为中小生产者的自由平民，全都不事生产，耽于享乐。统治阶级靠剥削人民来维持奢靡的生活，自由平民则靠国家与社会的施舍来度日，真正能够为帝国创造财富的，只剩下那些在田庄里的奴隶和其他被罗马人征服的民族。

然而，自1世纪以来，罗马帝国就停止了大规模的对外扩张，自然也就不再掳掠人口了。如此一来，就相当于失去了奴隶的来源，导致奴隶价格直线上涨。在3世纪时，市场上一个健壮的奴隶就已经能够卖到300到500银币了。

奴隶价格的上涨让奴隶主们越发加重了对奴隶的压迫与剥削，他们变本加厉地在奴隶身上榨取价值，试图以此来获得“补偿”。越发没有了活路的奴隶们开始掀起激烈的抵抗，他们破坏工具、消极怠工，想尽办法逃离奴隶主的庄园，甚至还联合起来公开地进行起义。

奴隶们的激烈反抗让奴隶主损失惨重，他们只得把庄园的土地分成小块，租给隶农去耕种。隶农就是自由租佃者，在法律上他们是自由人，在经济上也是独立的，只需要向奴隶主交纳一定的地租，就能向奴隶主租土地。

众所周知，罗马帝国的经济发展是建立在奴隶制基础上的，而隶农的出现无疑破坏了罗马社会赖以生存的经济基础，致使罗马帝国一步步地陷入了经济危机。农业的衰落使得工商业发展所需的原材料急剧减少，直接影响到了工商业的发展，进而导致国家财政收入枯竭。

面对庞大的开支问题，统治者不仅没有反省自身的问题，反而进一步加重税收，发行劣币，将压力与危机转嫁到底层民众身上。错误的举措带来的直接后果，就是物价的飞涨和严重的通货膨胀。而直到此刻，罗马政府内部依然在忙着争权夺利，致使政局越发地动荡不安。

统治阶级内部的混乱大大减弱了罗马帝国对边远地区的控制，居住在北部边陲的“蛮族”在匈奴人的冲击下，纷纷进入罗马境内。这些“蛮族”主要指的是日耳曼人的各部落，包括汪达尔人、西哥特人、东哥特人以及勃艮第人等。

眼看着日耳曼人的大规模内迁已经势不可当，罗马人只得采取“以蛮制蛮”的策略：允许一部分“蛮族”人移居境内，然后再利用这些“蛮族”来对抗其他想要入境的“蛮族”；或者招募一部分“蛮族”人进入军队，用来解决各种内忧外患的问题。

284年，罗马帝国在风雨飘摇中迎来了一位颇具才略的平民皇帝戴克里先，他登基后大刀阔斧地对官僚体制和军队做出了改革与整顿，稍稍稳住了当下混乱的局面。在戴克里先之后继承帝位的是君士坦丁。330年，君士坦丁迁都到拜占庭，即后来的君士坦丁堡，此后，罗马被称为“新罗马”。

统一的罗马帝国最后一位皇帝是狄奥多西一世，他在395年去世时留下遗嘱，将帝国的版图一分为二，分别交给两个儿子继承，即东罗马帝国和西罗马帝国。

从黑海到亚得里亚海之间的广大地区都是属于东罗马帝国的领土，包括巴尔干半岛、小亚细亚、叙利亚、巴勒斯坦、埃及、美索不达米亚以及外高加索的一部分。东罗马帝国的首都就在君士坦丁堡，也就是现在土耳其的伊斯坦布尔。东罗马帝国也就是后来的拜占庭帝国。

西罗马帝国的首都仍然设在罗马，领土版图比东罗马帝国要更大一些，包括现在的意大利、法国、西班牙、比利时、英国的大不列颠、奥地利、匈牙利、南斯拉夫的西北、地中海的整个西部，以及阿尔及利亚、摩洛哥、突尼斯、利比亚的北部。

两个帝国形成之后，因东部地区较为稳定，所以东罗马帝国，即后来的拜占庭帝国以新的社会形态跨入了中古时期，一直存续到1453年。而西罗马帝国就没有那么幸运了，在日耳曼人的冲击之下，仅苟延残喘了几十年便走向灭亡。

408年，一支哥特人的队伍在首领阿拉里克的率领下占领了罗马的港口奥斯提亚，切断了罗马城的粮食运输通道。罗马城内人口众多，很快就陷入了饥荒，接着又暴发瘟疫，死了许多人。元老院只得主动向阿拉里克求和，献出了许多珠宝，并将一些贵族交给哥特人为人质，这才得以去港口买粮。

然而，和平并不是永久的。410年，阿拉里克率领士兵攻入了罗马城，并在城中进行了三天三夜的洗劫。对哥特人来说，他们攻入罗马，要的只是财富，并不准备长期占领这座城市，因此无论是对这座城市还是对人民，都没有丝毫怜悯之心。在哥特人的践踏之下，巍峨的庙宇和壮丽的宫殿都化作一片焦土，"永恒之城"罗马就这样沦陷了。

劫掠过后，哥特人很快就放弃了罗马，继续向意大利南部挺进。但由于阿拉里克突然病死，哥特人的远征计划最终未能成行。后来，他们干脆在西罗马帝国的西南，即今天的西班牙北部，建立了西哥特帝国。

罗马城覆灭之后，东哥特人、汪达尔人、法兰克人、勃艮人、盎格鲁-撒克逊人相继在西罗马帝国的领土上建立起一个个小王国，将帝国的版图蚕食得千疮百孔。他们建立的小国就是后来欧洲许多国家的前身。

455年，罗马城又一次遭到了汪达尔人的劫掠，城中的文物几乎被毁坏殆尽，只有7000余居民幸免于难。这个曾经繁华富有的帝国中心，就这样随着奴隶制的崩溃，逐渐变得风雨飘摇、满目疮痍。而罗马帝国的皇帝也早已成为有名无实的傀儡，和这座曾经辉煌过的城市一样，只能被操纵于“蛮族”手中。

476年，年仅6岁的罗马末代皇帝罗慕路斯在登基仅一年之后，就被日耳曼人首领奥多亚克废黜了。西罗马帝国正式灭亡，退出了历史舞台，欧洲奴隶社会的历史和古典时代也迎来了终结。

第六辑

中古时期的欧洲

日耳曼人大迁徙

作为最古老的欧洲民族之一，日耳曼民族一开始居住在波罗的海和北海沿岸一带，过着自由平等的原始部落生活，主要由汪达尔人、法兰克人、伦巴德人、东哥特人和西哥特人等组成，一直被南临的罗马帝国以“蛮族”相称。由于两方只隔着莱茵河和多瑙河，曾多次发生战争，不过互有胜负。

4世纪，罗马帝国逐渐衰落，而亚洲的游牧民族匈奴的势力逐渐强盛，开始经过中亚不断入侵欧洲，并占领黑海北岸地区。与匈奴战败之后，日耳曼人的各个部落纷纷迁入罗马帝国境内，因此形成了一场持续200余年的日耳曼民族大迁徙运动，波及大半个欧洲和北非的广大地区，谱写了西欧历史的重要篇章。

在所有日耳曼人中，哥特人是最强大的，分为东、西两部。其中，分布在顿河和德涅斯特河之间的东哥特人归附匈奴，集中在多瑙河下游的西哥特人不愿归附匈奴，向东罗马皇帝瓦伦斯提出进入帝国暂时避难的请求。考虑到帝国人口减少、兵员缺乏，瓦伦斯欣然同意，并答应赐予西哥特人土地和粮食。当然，前提条件是西哥特人必须上缴武器，以妻儿作为人质充当帝国的雇佣军。权衡利弊之后，西哥特人接受了这一条件。可是前往安置西哥特人的罗马官员不仅克扣给予西哥特人的土地和粮食，还对他们进行肆意的役使和侮辱，最终激发了西哥特人的反抗。

378年，西哥特人与罗马军队在君士坦丁堡附近的阿德里亚堡展开决战，罗马军队惨败，瓦伦斯本人也阵亡。396年，西哥特王阿拉里克率领部队南下攻陷雅典，烧杀抢掠，直到罗马帝国交付了巨额赎金才退兵。410年，西哥特人围攻罗马城，在城内奴隶的配合下攻陷了这座圣城，随后又占领高卢南部地区和西班牙，以图卢兹作为首都，建立了西哥特王国。

此时罗马帝国已经无法维持，只是苟延残喘而已，诸多日耳曼人开始陆续进入罗马境内。476年，罗马雇佣军在将领奥多亚克的带领下于帕维亚发生兵变，日耳曼人出身的奥多亚克废黜西罗马皇帝罗慕路斯·奥古斯都，建立了奥多亚克王国，自立为王，这被认为是西罗马帝国灭亡的标志。

虽然奥多亚克宣称效忠东罗马帝国，但是东罗马的皇帝芝诺却不相信这一“蛮族”，挑唆东哥特王国国王狄奥多里克反对奥多亚克。489年，狄奥多里克率兵入侵意大利，经过三年多的激战，夺取了亚平宁半岛的大部分地区。493年，狄奥多里克施计诱杀奥多亚克，以拉文那为首都建立了东哥特王国。

因匈奴人的不断袭扰，406年，汪达尔人联合非日耳曼族的阿兰人越过莱茵河，涌入罗马高卢地区，之后又越过比利牛斯山，占领西班牙半岛的西南部地区。这支队伍一路上烧杀劫掠，肆意破坏，罗马帝国无力阻止，只好允许他们以帝国“同盟者”的身份驻守西班牙。没隔多久，西哥特人在攻下罗马城之后，又开始转攻西班牙地区，汪达尔人只得退守半岛南端和西北一带。

429年，汪达尔军政领袖该萨里克率军渡海进入北非。439年，以迦太基城为中心，在北非建立了一系列领地，号称汪达尔王国。迦太基是西罗马的财政来源，它的陷落对西罗马的打击尤为严重。

442年，罗马承认该萨里克的统治地位。455年，该萨里克乘罗马内乱之机，率军攻陷罗马城，纵兵焚掠长达两个星期，使罗马古文物遭到了严重破坏，“汪达尔主义”由此成为毁灭文化的代名词。

为了恢复罗马帝国的统治，530年，拜占庭皇帝查士丁尼向汪达尔王国宣战，并派贝利撒留率领军队远征北非。汪达尔的军队被击败，迦太基陷落。又经过三年多的反复交战，在位的汪达尔王国皇帝盖利默无奈投降，汪达尔王国最终灭亡。

5世纪初，勃艮第人控制高卢东南部，以里昂为首都，建立勃艮第王国。534年，勃艮第王国的所有疆域遭到法兰克王国的吞并。

法兰克王国是由法兰克人在西欧建立的封建王国。3世纪时，法兰克人南迁进入高卢，定居于莱茵河中下游以北地区。西罗马帝国开始瓦解时，他们乘机侵袭、移民，逐渐占领了卢瓦尔河以北高卢的大部分地区。5世纪下半叶，萨利安法兰克人和利普利安法兰克人成为法兰克诸部落最强大的两支队伍。486年，萨利安法兰克人的军事首领克洛维率兵击溃罗马帝国在高卢的残余势力，接着又攻占了巴黎和卢瓦尔河以北土地，以苏瓦松为都，建立了法兰克王国。

当时天主教已经成为罗马帝国的国教，而日耳曼各族都信奉阿里乌派的教义，正是由于宗教的对立，日耳曼人被罗马人称为“蛮族”。建立法兰克王国之后，克洛维率法兰克亲兵接受洗礼，皈依天主教，这一举动获得教会和罗马贵族的热烈称颂。克洛维也借机寻找到了新的政治力量，以天主教会的保护人和罗马帝国的继承人自居。接下来的几年，克洛维征服了勃艮第王国，瓦解了西哥特王国。508年，东罗马帝国皇帝授予克洛维执政官的称号。在克洛维的统治下，法兰克王国统一了高卢大部分地区以及莱茵河以东大部分地区，成为西欧疆域最大的“蛮族”王国。

5世纪，原居于北海之东日德兰半岛的一支日耳曼人部族，盎格鲁-撒克逊人渡海来到当时只是罗马帝国行省的大不列颠岛，征服了岛上的凯尔特人，并定居于此。盎格鲁-撒克逊人入主大不列颠是一个艰难的历程，逃入西部山区的不列颠人，形成威尔士；逃入北部山区的不列颠人，形成英格兰。他们长期坚持战斗，13世纪时才被征服。在确立统治地位的过程中，盎格鲁-撒克逊人又同当地的凯尔特人以及后来的诺曼人等融合形成英格兰民族。其间曾出现许多小王国，各国之间战事频繁，后来形成了以七个大国为代表的“七国时代”。直到829年，西撒克斯国王爱格伯特统一七国，建立了英格兰王朝。

6世纪，原居于易北河左岸的日耳曼人的一支伦巴德人也开始大规模地向南迁徙，移居潘诺尼亚，大致相当于现在的匈牙利地区。568年，伦巴德人首领阿尔勃音率军入侵北意波河流域，占领意大利半岛的中南部地区，以帕维亚为都，成立了伦巴德王国。774年，法兰克人围困伦巴德王国，伦巴德人自此结束了对意大利的统治。这次侵袭，被认为是日耳曼民族大迁徙的最后一幕。

日耳曼人大迁徙历时长久、规模宏大，而且影响极其深远，一方面给欧洲各地带来了历史性的严重破坏，另一方面在建立新兴国家时积极地吸收罗马的先进文化，推动了西欧的封建化进程。日耳曼人建立的王国虽然大多湮灭，只有英格兰王国和法兰克王国得以保留，但后来的法兰克王国成为当时世界上十分强大的帝国之一，更是奠定了意大利、德意志和法兰西三个国家的基础。

查理曼帝国的形成与分裂

在日耳曼人大迁徙的过程中，萨利安法兰克人克洛维建立了法兰克王国，并以其祖父墨洛温之名开启了墨洛温王朝的统治，这是法兰克王国的第一个王朝。

法兰克王国是当时西欧最强大的国家，但是511年克洛维去世后，王国被他的四个儿子瓜分，并且长期处于内部争斗之中。623—639年，在达戈贝尔特的统治下，王国国土实现了短期统一，出现了政治清明、局势稳定的局面。可是在达戈贝尔特死后的100多年里，墨洛温王朝的12位国王懒散成性，又愚昧无能，难理朝政，导致各国宫相掌握了朝政，史学上称为“懒王时期”。

在墨洛温王朝，宫相是负责掌管宫廷财务和王室地产的特有官职，相当于王室的总管、国王的仆人。后来宫相的权力日益增大，不仅主持内政，还成为军队的最高首领、国家的实际统治者。687年，宫相赫里斯塔尔·丕平战胜其他敌手，成为全国唯一的宫相。715年，丕平之子查理·马特继任宫相，拥立墨洛温家族的克洛泰尔四世作为傀儡，自己则以奥斯特拉西亚公爵和宫相的身份取得整个法兰克王国实权，王室只剩下“国王”这个空洞的称号。

执政以后，查理·马特积极抗击外敌，率军击败了入侵的萨克森人和阿拉伯人，在国内享有极高的威望。之后，他又实行采邑改革制度，将原来无条件的土地封授制度改为国王分封给有功之人的封赏，并且规定领受国家爵位和封地的人必须效忠国王、为王国服兵役。封赏可供终身享用，但是不能世袭。子孙若想继承爵位和封地，必须重新履行受封仪式，再次确认效忠关系。采邑改革制度催生了骑士制度，不仅大大增强了法兰克的军事力量，而且催生了加洛林王朝。

查理·马特去世之后，其子矮子丕平继任宫相。他一方面继续进一步扩大采邑分封制度，发展自身力量；另一方面接受了欧洲各地普遍信仰的基督教，使王权与教会的关系得以改善和发展。751年，在法兰克王国贵族，尤其是教皇的支持下，丕平废黜墨洛温国王，登上法兰克王国国王的宝座，史称“加洛林王朝”。为了对教皇的支持表达感激，丕平两度出兵击溃与教皇势力对立的伦巴德人，并把征服来的大片土地赠予教皇。自此，加洛林王朝和教皇关系日益密切。

查理大帝是法兰克最著名的国王，是矮子丕平之子。768年，查理即位后积极地推进领土扩张活动，在位期间他通过四处征伐，使法兰克成为一个囊括欧洲中西部地区的庞大帝国。774年，查理击败伦巴德人，将意大利北部纳入帝国版图。之后他又越过比利牛斯山，入侵西班牙地区，虽然没有取得成功，但却在厄布罗河以东地区建立起一个名叫“西班牙边区”的边境国。查理还出兵多瑙河地区的巴伐利亚、阿瓦尔汗国，建立起“东方马克”，这是奥地利的前身。

在四十几年的统治期间，查理先后发动五十多次战征，其中萨克森战争是他一生所进行的最为激烈、历时最久的征服战争。萨克森是德国北方的一个地区，查理先后进攻萨克森的总数不下18次，但由于萨克森人的顽强斗争，战争一直从772年持续到804年，

▲ 查理大帝雕像

才以查理胜利告终。

在查理的铁血征服下，法兰克疆域东到莱茵河下游至易北河，南至厄布罗河，北达波罗的海南岸，南部包括意大利半岛北部与中部地区，这么广阔的疆域堪比昔日的罗马帝国。

799年，罗马教皇利奥三世惨遭罗马贵族驱逐，于是向法兰克王国请求支援。查理率军以武力平息了这场纠纷，恢复了教皇权位。800年的圣诞节，利奥三世为感谢查理帮助自己复位，在罗马圣彼得大教堂跪着为查理曼戴上一顶金皇冠，并封他为“罗马人的皇帝”，这是查理统治的高峰。从此，西方史书称查理为“查理曼”（查理大帝之意），把法兰克王国称为“查理帝国”或“加洛林帝国”。

法兰克王国疆域辽阔，为了更好地控制国家，查理大帝开始推行伯爵领地。他以阿亨为帝都，将帝国划为若干个行政区，每区设一个伯爵作为管理者；公爵为军功卓著的将领，是几个伯爵区的管理者，专理军务。在此基础上，又设立巡按使团制度，经常派遣巡按使代表皇帝分赴各区巡视和监督。在中央设立由廷臣组成的枢密会议，主要辅助国王处理日常政务，参与中枢机要，确定军国大计。在教会的统治下，当时的欧洲几乎只有教士才识字，查理大帝重用了一批教士，令其或起草敕令文书，或出任监察官巡视地方；或担任外交使臣出访各国，使得政府职能大大增强。

对于文化教育方面，查理大帝也给予了积极关注。当时的日耳曼人文化落后，为了改变这一状况，查理主动带头读书学习，花费大量的时间和精力学习辩论术、计算术以及语言等。他还极其谦虚好学，精通拉丁语、德语和希腊语，多次邀请各国的饱学之士，如编写文法、修辞等书的盎格鲁-撒克逊人阿尔琴、《伦巴德人史》作者保罗、历史学家艾因哈德到宫中设帐讲学。

从教皇那里获封金皇冠之后，查理大帝下令每一个主教辖区大建教会和修道院，他还亲自召集拜占庭风格的建筑师、工匠、雕刻家营建修道院。修道院设立图书馆，用以收藏教父作品及中世纪早期的史学著作，甚至古典文献和早期基督教文献；修道院还兴办学校，并强令贵族子弟入学读书，目的是培养传播基督教和管理国家的人才。在查理大帝的积极倡导下，人们纷纷誊抄基督教文，书法风格秀美清雅，形成了著名的加洛林楷书。

查理大帝的这一系列措施，不仅为王国提供了可靠的政治军事保障，还促进了倡导学问的良好社会风尚，让一度黯淡的西欧文化再现曙光。

814年，查理大帝去世，其子路易继位。路易醉心宗教，疏于政事，将继承的国土分给三个儿子：洛泰尔、日耳曼人路易、秃头查理。路易死后，三兄弟互相征战，法兰克帝国内乱连绵。843年8月，三兄弟签订了一份分割法兰克帝国国土的条约，即《凡尔登条约》。长子洛泰尔承袭帝号，分得意大利半岛中、北部及东、西法兰克之间狭长的洛林地区，称中法兰克王国；路易分得莱茵河右岸和巴伐利亚地区，称东法兰克王国；查理分得洛泰尔以西地区，称西法兰克王国。《凡尔登条约》奠定了日后法兰西、德意志和意大利三国国界的基本雏形。

870年，洛泰尔以及儿子相继去世，路易和查理在墨尔森正式签订《墨尔森条约》，将中法兰克王国进行瓜分。

英国诺曼王朝的建立

11世纪中叶，法国诺曼底公爵威廉率兵入侵英国，史称“诺曼征服”。这场战争以威廉的胜利而告终，终结了盎格鲁-撒克逊时代，是西欧同英国的又一次社会大融合，在英国历史上具有深远意义。

不列颠群岛位于欧洲大陆西北岸，西邻大西洋，东濒北海区域，历史上多次遭到来自大陆大规模的武力威胁。先是罗马军团的入侵将不列颠群岛卷入西方文明进程，后是来自日耳曼的盎格鲁-撒克逊人征服并定居于此，开启了英国历史上封建化的全新时期。

与此同时，居住在斯堪的纳维亚半岛和波罗的海沿岸的诺曼人，不断向欧洲大陆各国进行侵略扩张。诺曼人与丹麦人属同一种族，意思是“北方人”，这是相对于欧洲大陆人而言的。9世纪，诺曼人先后侵占英国东北部地区、法国部分领土，并建立起自己的王国，即诺曼底公国。为了获得法国的承认，诺曼人承认诺曼底公国是法国国王的附属国，并且实行法国的政治制度，接受法国文化、宗教和语言。到11世纪左右，诺曼人的文化俨然已经成为法兰西文化的一部分。与此同时，诺曼底公国与英格兰的关系也相当密切，英王爱德华的母亲就是诺曼底的贵族。

1066年，爱德华病逝无嗣，具有盎格鲁-撒克逊血统的贵族哈罗德加冕称王。1066年9月，爱德华的表兄、诺曼公爵威廉率军登陆佩文西湾，以爱德华曾面许自己继位为理由，要求哈罗德归还王位。得知消息时，哈罗德正在约克为平息内乱举行庆祝活动，他立即赶回伦敦并率领一支5000余人的部队前往迎战。

10月13日夜，双方在黑斯廷斯附近部署兵力。哈罗德将统帅部设在威尔登山地的山背最高处，在峰顶两侧部署亲兵，两翼则安排民兵把守，正前方的步兵组成严密的矛盾方阵。威廉则将军队分成左、中、右三路，每一路以弓箭手、重装步兵、骑兵构成三个不同的方阵，然后亲自在队前打出教皇赐予的“圣旗”。就兵力对比来看，双方基本势均力敌。

14日，双方号角齐鸣，激烈的战斗开始了。诺曼人排成一条线，从山坡一路向山顶推进。待两军接近时，诺曼弓箭手开始射箭，英格兰人一边以盾牌护身，一边用长矛、标枪、战斧等反击。由于英军占据有利的地势，兵器十分锐利，又设置了密集的防线，一开始占了上风，诺曼人只得向山下败退，其间威廉还坠下马来。不过威廉没有气馁，立刻跃上另一匹马，令骑兵在正面冲击。步兵随后发起第二次进攻，结果仍然落于下风。威廉再次改变战术，佯装失败后退到谷底，哈罗德没有识破这一计谋，令英军继续追击，结果被引离坚固有利的阵地，惨遭损兵折将。此时，威廉抓住战机发动反攻，哈罗德不幸中箭身亡，英军顿时军心大乱，全线崩溃。

在黑斯廷斯战役中，诺曼人取得了彻底性的胜利。之后威廉率军乘胜长驱直入英国境地，残酷地镇压残存的英国贵族，甚至连教皇也成了俘虏，伦敦城不战而降。1066年圣诞节，威廉在威斯敏斯特教堂加冕为英国国王，即威廉一世，诺曼人开始了对英国的统治，史称“诺曼王朝”。

为了在英国树立强有力的王权，威廉在征服英国各地之后，大批地没收战败、逃亡和被杀死的盎格鲁-撒克逊贵族的土地，然后发给自己的亲兵、近臣等。资料显示，当时约170个贵族爵位是诺曼底人的，这些贵族以及他们的属下、附庸、侍从等，共约1万人。就这样，威廉与大小封建主之间建立了主从关系。与此同时，他还大量地任用诺曼人担任英格兰教会的高级职位，并把全国将近四分之一的土地赏赐给教会使用。当然，教会及教士必须臣服与效忠国王。

1086年8月1日，威廉要求英国所有领主宣誓向自己效忠。为了调查土地、户籍人口、封建主和农奴、庄园等情况，并确定封臣的封建义务，威廉任命一个专门委员会，拓印《土地赋税调查书》，在全英范围内实行土地普查。由于清查项目细致无遗，调查过程十分严厉，人们称其为《末日审判书》。

在《土地赋税调查书》中，农奴阶级主要包括维兰和边地农，分别占英国人口总数的38%和32%。维兰拥有约30英亩[1]土地，有使用庄园牧场和林地的权利，每周须为领主劳役3~4天，缴纳实物地租和货币地租就可以，同时负担遗产税、结婚税、大小税等苛捐杂税。边地农约拥有5英亩土地，有使用庄园、牧场和林地的权利，每周须为领主劳役一天，农忙时可以适当增加天数，边地农和维兰一样，也要负担各种租税义务。

通过这一系列的措施，威廉一世不仅实现了对全国的有效统治，还成为整个封建统治机构的核心。诺曼王朝将法国的封建制度移植到了英国，加速完成在盎格鲁-撒克逊时代就已经开始的封建化过程，使英国在经济、社会、文化、军事等多个方面发生了积极转变，同西欧大陆更紧密地融为一体。

12世纪初，英国彻底成为封建领主制国家。

1　1英亩≈0.4公顷。

英国议会制度的形成

威廉一世统治期间，诺曼王朝在政治、军事和财政方面都有不俗的表现。但随着威廉和其子亨利一世的去世，诺曼王朝陷入了一场长达20年的内战。

1154年，威廉一世的孙女玛蒂尔达的儿子——法国安茹伯爵亨利继承了英国王位，史称亨利二世。由于家族原有世袭领地为安茹伯国，亨利二世执政阶段被称为“安茹王朝”。又由于亨利二世的父亲杰弗里喜欢在帽子上插金雀花，甚至将“金雀花”冠为姓氏，“安茹王朝”又称“金雀花王朝”。

当政时期，亨利二世在英格兰实施了一系列改革。在政治方面，他首先对中央行政机构进行整顿，将诺曼王朝的御前贵族会议恢复，当作国王的最高咨询机构。恢复宫廷部与财政部大臣等重要职务，并设置枢密大臣和财政大臣等官职。在军事方面，他允许一部分骑士通过缴纳“盾牌钱”雇用骑士服役，而免除自己的兵役义务。在司法方面，亨利二世选拔任用一批法律专家，并参照罗马、法国（诺曼底）和英国各地的习惯法律，实现了英国法律的统一。为了加强中央的司法权和对地方的控制，他将亨利一世时期的巡回法官改成巡回法庭，按期巡游各地接受民间诉讼。在审判方式上，他提倡摒弃原始落后的“神命裁判法”和决斗，以陪审团制度和宣誓做证法进行审判，这不仅削弱了领主法庭的传统影响，而且还提高了国王的威望。

通过这一系列的改革活动，亨利二世将王权集中于自己手中。之后，他的儿子“狮心王”理查和“无地王”约翰在位统治时期，英国王权却呈不断下降、不断弱化的趋势。

理查因勇猛善战而号称“狮心王”，但是他残暴无道，十年的国王生涯，几乎都是在四处征战，没有什么政治建树。“无地王”约翰是英国历史上臭名昭著的国王之一，他肆意没收附庸国家的领地，干涉领主法庭的审判权力，撕毁协议入侵法兰西王国。为了筹集对法作战的军费，他尝试进行财政改革敛财，加征额外捐税，兵役免除税从1154年到1216年增加了20多倍。在对法作战上，约翰连遭败绩，造成国力损耗，从而增加了国内各个社会阶层的不满情绪。

1215年6月15日，坎特伯雷大主教朗顿和北方贵族、大封建领主在斯坦福集会，决定武装反抗约翰，之后小封建主、教士、骑士和城市市民也相继加入。在各个阶层的联合行动压力下，约翰王为了保住自己的王位以及权力，被迫在朗顿和贵族们拟定的《自由大宪章》上签字。

《自由大宪章》是典型的封建法律文献，全文共63条，主要内容是限制绝对的王权，保障封建贵族和教会的特权及骑士、市民的某些利益，这是历史上第一次出现限制封建君主权力的政策。大宪章宣称，英国教会自由不受侵犯，权力不受干扰；未经贵族会议同意，国王不得征收额外税金；国王官吏不任意受理诉讼，对任何自由人非经合法判决，不得逮捕、监禁、没收财产或放逐。大宪章的签订是各个阶层联合行动的成果，自此也成为一种新的政治斗争形式，为英国议会君主制的建立奠定了理论和经验上的基础，其中法律至上、保障人权等理论更是英国立宪政治的根本。

在某种程度上说,《自由大宪章》调整了封建等级之间的关系，但是英王与封建领主之间的矛盾并没有得到根本解决。1258年，英国大贵族们在牛津发动兵变，要求再次限制王权，国王的12名宫廷会议成员和15名诸侯代表组成联席会议，令当时在位的亨利三世被迫签订《牛津条例》，同意国王处理国事需与重臣协商，同时把一切权力交给少数贵族，这表示着贵族寡头统治的开启。

亨利三世不甘心王权受到压制，仅仅过了三年就悍然下令取消《牛津条例》，结果导致贵族公开叛乱。1265年1月，亨利三世的妹夫蒙德福特以摄政的名义，在伦敦召集大会议，当时的参会人员有5名伯爵、18名男爵、每郡两名骑士代表和每个大城市两名市民代表，这标志着英国议会的产生。

1272年，亨利三世去世，其子爱德华一世即位后奉行积极的内外政策，连续发动对威尔士、苏格兰和法国的战争。1295年为筹措战争费用，爱德华一世召集与1265年的议会相同的各封建等级，包括主教、修道院院长、伯爵、男爵以及各郡与各自治镇代表等共同参加议会。由于以后历届议会的召开均以此为典范，所以这次议会被称为“模范议会”，这是英国等级君主制形成的标志。

随着民主政治的发展，议会的地位日益重要起来。在立法上，国王只能按照法定程序，在得到议会批准后行使颁布、修改、废除法律的权力。14世纪，英王为筹措对法百年战争费用经常召开议会，议会的权力不断膨胀，作用越来越重要。到爱德华三世时期，议会发展为上议院和下议院两院。上议院主要由王室后裔、贵族、教士等组成，拥有进谏国王、审理重要司法案件、纠正下级法庭的错误、批准税收和制定法律的权力。下议院的议员是通过选举产生的，由骑士和市民的代表共同组成，权力相对有限，也很少参与会议，仅仅是回答国王顾问的询问。1399年，下议院才正式出席议会，拥有与上议院商讨和提出一般请愿书、投票决定税收和批准法律、监督财政和政府等权力。

王位争夺引发的大战——英法百年战争

133年到1453年，英法两个隔海相望的邻邦国发生了一场长达116年的战争，这是世界上历时最长的战争，史称“百年战争”。这场战争的起因错综复杂，包括王位继承、领土争端以及国际关系等各种因素。

在此之前，英法两国交往频繁，王室和贵族通婚时有发生。其中，英国的诺曼王朝和安茹王朝都是由法国封建主创立的，因此英王室在法国境内拥有大量的土地和财产。为了有效地进行中央集权统治，法王相继将英王室名下的领地收回，而英王室为了扩大领土，坚持不放南部的阿基坦和加斯科尼，这就导致了双方的冲突，开始了干戈相向。

1328年，查理四世去世，他是加佩王朝的最后一名男性成员，未留子嗣。查理四世的堂弟、瓦罗亚家族的腓力，在法国三级会议推举下即位，是为腓力六世。英王爱德华三世之母是查理四世之妹，他以腓力三世外孙的名义要求继承法国王位，但法国以女性及其后代无继承权为由拒绝了他，爱德华三世一直为此耿耿于怀，对外宣称自己才是正牌的法国国王，并伺机对腓力六世进行报复。

中世纪后期，法国北部成为羊毛贸易中心，而且是英国羊毛最重要的销售地区。为了对法国施加压力，爱德华三世下令禁止羊毛出口，腓力六世则下令收回佛兰德斯地区。佛兰德斯地区虽然在政治上隶属法国，但为了保持纺织原料的来源，那些羊毛制品厂商和经销商都支持英国的反法政策，承认爱德华三世为法国国王和佛兰德斯的最高领主，这使英法两国矛盾进一步恶化。

1337年，英法百年战争正式爆发。

1340年，英国海军击败法国舰队，控制了两国间的重要通道——英吉利海峡，并将战场推进到法国领土上。

1346年，在法国北部的克勒西小镇，英法两国的国王亲自上阵，两军进行了第一次大战。英军以步兵和弓箭手为主力，余下的骑兵分布在战线两翼，阵容严整。而法军则以骑士为主力，从热那亚雇来弓箭手配合作战，兵阵杂乱无章。结果可想而知，这场战争中法国惨败，损失了1500名骑士，英军只牺牲了3名骑士和大约40名步兵。此时，整个欧洲暴发黑死病，大量人员死亡，英法双方被迫休战。

1356年，英国军队再一次远征法国，从英吉利海峡打到地中海，双方在普瓦捷开始了对阵。面对新法王约翰二世率领的近2万人的大军，只率领7000人的英国王子爱德华排出了法军在克勒西战役中的所用阵势，以三队骑士为主力，长弓手呈“V”形排列两翼。法国人总结了克勒西战役的教训，于是效仿英国人以步兵和弓箭手为主力，余下的骑兵分布在战线两翼。忽然，从英军背后的树林中冒出一支精锐骑兵，绕过法军侧翼从背后攻击法军。法军两面受敌，立刻崩溃，约翰二世和许多贵族被俘，被迫向英国支付了一大笔赎金，导致法国经济更加困顿。

连年的战争以及不断增加的军费支出，导致法国人民生活极其困苦，并严重拖慢了法国的发展速度，国内起义不断爆发，其中著名的有马赛领导的巴黎起义和扎克雷起义。面对内忧外患，1360年，法国王子查理被迫与英国签订《布勒丁尼和约》，将法国西南部大片领土割让给英国。

1364年，王子查理即位，是为查理五世。合约虽然对法国不利，却让法国获得了短暂的和平，其间查理五世果断实行了一系列改革：强化税收制度，增强财政实力；重新召开中止多年的三级会议，将小贵族和市民拉为同盟；加强军队的建设和训练，建立海军，加强陆军，组建炮兵；起用杰出的将领……经过十多年的励精图治，法国复兴，将大部分失地重新划归法国王室直辖。

1380年，查理五世去世后，其子查理六世继位。由于查理六世患有间歇性精神病，大权被封建贵族所掌控，他们结党营私，争权夺利，其中以勃艮第公爵为首的勃艮第派和以奥尔良公爵为首的奥尔良派混战不休，国内不时发生暴乱。1415年，英王亨利五世趁法国内讧之机，重新发动侵法战争。

由于勃艮第派叛国，与英国达成同盟，法军很快失去巴黎及法国北部地区的控制权。1428年，英军围攻奥尔良，奥尔良不仅是通往法国南部的要塞，还是法国的军事重镇，一旦占领该地，英军就可以长驱南下。这是法国生死存亡的关键时刻，在东北边境的一个村庄里，农家姑娘贞德请求参战，她克服了重重困难，几经波折，说服南方执政的太子查理，得到一支军队。贞德身披骑士戎装，手执法国军旗，带兵与英军英勇作战。法军士气大振，不仅解除了奥尔良之围，还乘胜收复了许多城市。

贞德成为闻名法国的女英雄，被称为“圣女贞德”。法国封建主不满贞德的声望和影响，担心有损自身利益，于是蓄意谋害这位女英雄。在1430年5月23日的一场小规模战斗中，巴黎东北贡比涅城的封建主故意关闭城门，导致贞德与部队被勃艮第人俘虏。之后，勃艮第人高价将贞德出卖给英国人，最后英国宗教法庭以“妖术惑众”的罪名处以贞德火刑，活活地将她烧死在鲁昂广场。虽然贞德牺牲了，但她的爱国、坚毅、英勇，大大地激发了法国军民的爱国热情。

在法军的奋勇抵抗下，英军节节败退，1453年7月，被逐出法国领土，英法百年战争以法国收复全部领土而结束。百年战争对法国的破坏巨大，但也促使法国实现了初步统一，而且法国的民族意识也得以觉醒，近代法兰西民族逐渐形成，为日后法国在欧洲大陆扩张打下了基础。

玫瑰战争

在英法百年战争中，英国几乎丧失了所有的法国领地，以彻底的失败而告终，这激化了英国国内的各种矛盾。比如，英国丧失在法国的重要通商据点，引起了国内商人的怨言；新贵族和市民不满自身的政治经济地位，寄希望兰开斯特王朝改朝换代；封建贵族之间的矛盾更是进一步激化……

经过一番力量的博弈，英国贵族分为兰开斯特家族支持者和约克家族支持者两派。这两个家族都是金雀花王朝的王室后裔，其中兰开斯特家族以红玫瑰为族徽，约克家族则以白玫瑰为族徽。1455年，约克公爵理查宣布自己为摄政王，兰开斯特家族不服气，于是两个王室为争夺王位继承权开始自相残杀，这场战争持续了30多年，史称“玫瑰战争”。

战争一开始，约克家族通过圣奥尔本斯战役、北安普顿战役等占据上风，不仅打败了兰开斯特家族，还两次俘虏了英王亨利六世。连战连胜的理查公爵有些骄傲自满，不顾亲信们的强烈反对，明确地提出王位要求，逼迫亨利六世册封自己为王位继承人。眼看自己的儿子失去继承权，王后玛格丽特奋起反击，帮助兰开斯特家族把理查公爵排挤出咨议会，并与约克家族开始对抗。

1460年，玛格丽特王后率军突袭韦克菲尔德。理查公爵根本没有把玛格丽特王后放在眼里，轻敌的他仅仅带着几百人迎战，结果不仅遭遇失败，自己还惨死战中。在这之后，玛格丽特王后和兰开斯特家族的军队南下伦敦，经过圣奥尔本战役，大大地挫伤了约克家族的力量，一度占据了上风。

1461年2月，局势再次出现逆转。理查之子爱德华继承约克公爵封号后，在莫蒂默十字路打败了兰开斯特军队。之后，爱德华废黜亨利六世，自己登上英国王位，史称爱德华四世，开始了约克王朝的统治。此后，爱德华四世率军追击玛格丽特王后至陶顿，在陶顿战役中彻底打败兰开斯特军。势单力薄的玛格丽特王后只得逃往苏格兰，玫瑰战争的第一阶段到此结束。

1483年，爱德华四世逝世后，其子爱德华五世即位，由爱德华五世的叔父格洛斯特公爵理查摄政。理查觊觎王位已久，将爱德华五世和弟弟约克公爵关进伦敦塔，之后兄弟两人行踪不明。理查即位为理查三世，约克家族拥护爱德华四世的一派不满理查的行径，联合兰开斯特家族的残余力量讨伐理查，这是玫瑰战争的第二阶段。在1485年8月的博斯沃尔特战役中，理查军中的斯坦利爵士率3000部下突然倒戈，导致约克军的瓦解，理查三世战死，结束了约克家族的统治。

在玫瑰战争中，兰开斯特家族的亨利·都铎凭借显赫战功，战后登上英国王位，称亨利七世，并建立都铎王朝。为了缓和紧张的政治局势，亨利七世同爱德华四世的长女、约克家族的继承人伊丽莎白结婚，这是兰开斯特家族和约克家族结束争斗的一种手段，自此两个家族合二为一。

毫无疑问，玫瑰战争非常残酷，30多年的反复争斗，每一次交战，都导致贵族的大量伤亡，有资格继承王位的贵族几乎都被屠戮，这是英国封建贵族力量削弱的主要原因之一，之后新兴的资产阶级和新贵族取而代之，成为都铎王朝的主要政权阶层，也导致了强大的中央集权君主制的发展。正如恩格斯所说：“英国由于玫瑰战争消灭了上层贵族而统一起来了。”

都铎王朝在政治上实现了统一，各地区的经济联系加强，加速了英国封建农业向资本主义农业的转变。资本主义农场在不同地区的农村出现，并涌现出一批富有的资本主义农场主阶层，这些新贵族把积累的资本直接或间接地投入工业，有力地刺激了英国工业、手工业的迅速发展。

宗教战争

1096年，西欧的封建领主、大商人和罗马天主教会，以收复阿拉伯穆斯林入侵占领的“圣地”耶路撒冷为由，对地中海东岸国家发动战争。这次战争持续近200年，于1291年结束。这是一次宗教军事行动，因远征参加者的衣服上都佩戴着象征基督教的“十”字标记，故称“十字军”。

地中海地区是世界古代文明的发祥地之一，也是人类战争的频发地区。耶路撒冷位于地中海东岸巴勒斯坦境内，相传是耶稣遇难、安葬和复活的地方，故被称为基督教的“圣地”。7世纪，阿拉伯帝国征服巴勒斯坦一带，虽然阿拉伯人信仰伊斯兰教，但是他们对基督教徒采取了宽容政策。到了11世纪，中亚的塞尔柱突厥人击败阿拉伯帝国，并控制了拜占庭帝国的首都君士坦丁堡。塞尔柱突厥人是信奉伊斯兰教的穆斯林，他们公开地迫害和杀戮在巴勒斯坦朝圣的基督徒。为了拯救拜占庭帝国和基督教，皇帝阿历克塞一世向同样信奉基督教的罗马教皇及西欧各国求援，而这正好也是野心勃勃的罗马教皇乌尔班二世所希望看到的局势。

1054年，基督教正式分裂成东、西两大教派，东派教会是以君士坦丁堡为中心的东正教，西派教会是以罗马教廷为中心的天主教。借着“十字军”的形成，重新统一东、西两派，成为罗马教皇，这是历任罗马教皇的心愿。而且地中海地区资源丰富，出征可以夺取大量的财富，提高罗马教廷的权威，进而打压罗马皇帝。在强大利益的驱动下，乌尔班二世大造战争舆论，煽动宗教情绪，而这正中多个社会阶层的下怀。

当时西欧社会生产力发展迅速，封建主们对商品和货币的需求越来越大，开始垂涎东方的土地和财富；许多日渐沦为农奴的农民，不仅要承担繁重的劳动，还要忍受封建主和教会的奴役，他们将宗教战争当作摆脱悲惨现状的出路。由于西欧实行的是长子继承制，规定只有长子才能继承父辈的遗产，而那些非长子的贵族只能成为骑士，他们寄希望于通过战功改变自己的身份地位。

1095年11月27日，在法国南部的克勒芒，乌尔班二世号召全欧范围内的基督徒召开动员大会，并发表了极富煽动性的演说："在东方，我们基督教教徒的'圣地'（耶路撒冷）已经被穆斯林占领了，我们的兄弟正在水深火热之中。在这里我代表上帝，恳求和号召大家迅速行动起来，把他们赶出我们兄弟的土地！这是上帝对我们的指引，让我们勇敢地踏上征途吧！"在乌尔班二世的煽动下，几乎整个西欧的人都卷入了这场狂热的宗教战争，人们为了凑足现款购买路途所需，不惜以极低的价格拍卖自己昂贵的物品，甚至倾家荡产。

1096年春，约10万人组成的十字军浩浩荡荡地向东方进发，第一次宗教战争正式拉开序幕。一些农民由于急于摆脱贫困，实现发财致富的梦想，没等骑士队伍集结好就自行出发。他们在跋山涉水中，或病死或饿死，又由于缺乏军事作战经验，在和塞尔柱突厥人的抗衡中消失了大部分。

经过数次激战，1099年7月15日，十字军终于占领耶路撒冷。由于这批十字军全都是狂热的基督徒，为了报复伊斯兰教和塞尔柱突厥人，他们在宫殿、寺院和民居四处搜掠金银财宝，还宣称要用鲜血来洗刷被玷污的圣地，一场残酷的大屠杀爆发了，这遭到当地人民的强烈反抗，一时间起义不断，政局动荡不安。

为了稳定东方的政治局面，罗马教皇联合各国的封建主义发起了第二次和第三次战争，但是由于十字军内部矛盾重重，一路上伤亡惨重，战争行动没有达到实际目的。其中，法国国王腓力二世和英国国王理查一世因意见不合，纷纷撤军回国，腓力二世在回国途中被奥地利公爵绑架，德皇腓特烈一世在横渡萨列夫河时溺死。

1202年，教皇英诺森三世要求拜占庭帝国从属于罗马教皇，并参加进攻埃及的十字军。这一要求遭到拜占庭皇帝的拒绝，英诺森三世联合企图垄断地中海贸易的威尼斯商人，号召第四次宗教战争。和之前的十字军一样，这批欧洲骑士打着收复“圣地”的圣谕，却在所到城市和乡村大肆烧抢掠夺，导致拜占庭帝国近千年的文化艺术珍品大量破坏，帝国加速走向衰亡。

人们通过十字军的强盗行径，认识到宗教的欺骗性和虚假性，参战的狂热逐渐冷却下来。尽管如此，罗马教皇发起的宗教战争还是进行了八次，直到1291年，埃及马木留克军队攻克十字军控制的最后一个陆上据点阿克城，丧失威信的教会再也无力组织队伍，至此整个宗教战争才算告终。

马丁·路德的宗教改革

中世纪的西欧，天主教会是封建主阶级的统治工具，也是国家最有势力的封建主集团。随着资本主义生产关系萌芽并迅速发展，封建制度日趋瓦解，新兴资产阶级与封建主之间的阶级矛盾也日益尖锐化。在反封建斗争中，早期资产阶级采取了神学这一异端形式，这是宗教改革运动的特殊阶段。

13世纪的欧洲，早期资产阶级已经提出了改革天主教会和建立新教派。到16世纪时，宗教改革运动中已经明确地提出“以信仰得救为核心”和“建立廉俭教会”的系统理论，并且席卷西欧各国。

在这场宗教改革运动中创立的教会，大致可以分为三个派别：一派以马丁·路德为代表，另一派以约翰·加尔文为代表，还有一派以英国国王亨利八世为代表，统称新教。

▲ 马丁·路德画像

马丁·路德是16世纪德国宗教改革运动的发起者，新教路德宗的奠基人。16世纪初，罗马教廷对德意志进行大肆搜刮和掠夺，教皇则通过兜售赎罪券疯狂敛财，这引发了德意志人民的强烈不满。为了反对罗马教皇的压榨，路德发表了抨击教皇出售赎罪券的《九十五条论纲》，并要求人们对此展开公开讨论。《九十五条论纲》引起了强烈反响，社会各个阶层积极参与进来，将路德推为德国全民族的代言人，就这样，路德走上了同罗马教廷彻底决裂的道路。

1519年，路德在莱比锡同罗马教会的神学家约翰·艾克展开大论战，并明确地指出，“教皇不是上帝在人间的代表”。通过一番唇枪舌剑，路德最终赢得胜利。

1520年，路德接连发表《论善功》《罗马教皇权》《致德意志基督教贵族公开书》《教会被囚于巴比伦》和《基督徒的自由》五篇论文，提出只要心中有信仰就能赎罪，不必通过由教士主持的各种宗教仪式，号召通过建立廉俭教会和改革文化教育等途径驱逐天主教会势力，进而实现德意志的独立。

在路德的影响下，下层人民时刻准备着挥起拳头反抗，这引起了以教皇为首的教会人员的不安和记恨，他们将路德传叫到教会官吏面前，宣布他为异端分子和犯法分子，将他解职，查封他的著作。此后，路德将自己的精力放在《圣经》的翻译上，1543年德文《圣经》面世，为德国广大的普通百姓提供了对抗天主教会的思想武器。

随着宗教改革的深入，当德国农民不满已取得的成就，发动推翻现存剥削制度的政治革命时，路德却撰文公开反对这种暴力活动，成为世俗统治者的代言人。

1546年2月28日，路德因病逝世，人们将以路德的宗教思想为依据的各教会总称为路德宗。路德宗的教义核心是“因信称义”，主张人要得到上帝的拯救，不在于遵守教会的规条，不在于拥有功德或善行，而在于具有纯正的信仰。只要虔诚地祷告，所有信徒都可与上帝沟通。因此，路德宗认为信仰是唯一的源泉和准则，所有信徒都是平等的。同时，路德宗强调《圣经》的最高权威，一切礼仪、制度和学说均要与之保持一致。路德宗实行洗礼和圣餐两项圣礼，着重讲道和唱赞美诗，并且允许神职人员结婚。路德宗还认为个人的得救与教会的组织形式无关，各地教会可自行决定采用主教制、长老制或公理制。

路德的一生功过参半，幸运的是，这并没有影响他崇高的成就。他所发起并领导的宗教改革运动席卷了整个欧洲，不仅改变了罗马教会对西欧的封建神权统治，还改变了整个西方文明，尽管这一切并非他一个人的功劳，而且他的主要功绩在于宗教方面，不是政治方面，但他仍是新世界的一道曙光。

日内瓦教皇——加尔文

在16世纪欧洲宗教改革运动中，加尔文派是新教中的另一大支派，起源于瑞士，由约翰·加尔文所创建。

在宗教改革之初，倡导改革者几乎都是神职人员，而且都是德国人，但加尔文既不是神职人员，也不是德国人，而是法国人。约1534年成为新教徒，参加巴黎的宗教改革运动。因法国政府下令追捕和迫害新教徒，加尔文只好逃往瑞士，化名卢卡纽斯，并发表其主要神学著作《基督教原理》。该书对新教教义作了系统阐述和全面总结，是新教改革中影响最大的百科全书。

1536年，加尔文应日内瓦宗教改革领袖法雷尔邀请，前往日内瓦进行宗教改革，提倡废除弥撒仪式、教徒拜圣像、贩卖赎罪券；改进礼拜仪式，革新教会组织，使日内瓦成为瑞士宗教改革的中心。然而当地的封建贵族不愿放弃神权，经常与加尔文教展开激烈的答辩。

▲ 加尔文画像

除了加尔文教，当时日内瓦还有一个新教，叫再洗礼派。再洗礼派的主张比加尔文教激进得多，而且还经常组织过激的行动，带领平民破坏天主教堂和修道院。这引起了瑞士当局的不安，随即开始清理再洗礼派，镇压平民运动。

在瑞士日内瓦领导宗教改革时，加尔文凭借在市政工作的有利条件，成为宗教改革中的立法者。要求废除主教制，以共和式的长老制代替；提倡勤俭节忍，简化宗教仪式；鼓励人们蓄有私产，借贷取利，经商致富，认为这都是上帝的旨意；他还主张民主选举教职人员，这些都适应了新兴资产阶级激进派的要求。在加尔文的建议下，日内瓦成立了一个由加尔文宗长老、议员和官员组成的宗教法庭，负责监督人们的思想和行动。加尔文的官职为日内瓦大主教，兼任大法官。

为把日内瓦建成理想中的社会，加尔文规定凡念玫瑰经、望弥撒、听讲道迟到、拜偶像、酗酒吵架和亵渎上帝者，都要面临警告、罚款或监禁等处分，甚至烧死。并且，规定除了加尔文派外，其他教派均为异端，许多人因质疑他的观点而遭到迫害。比如，西班牙著名的医生塞尔维特曾反对天主教的三位一体论，又写了《再论基督教原理》，反对加尔文的预定论而被捕。结果，加尔文将塞尔维特以异端罪名处以火刑，同时被处死的还有50多人。

加尔文在日内瓦大权独揽，运用各种手段使日内瓦成为政教合一的神权共和国，之后加尔文教被广泛传播到法国、苏格兰、英格兰、荷兰、德国、意大利等欧洲各国。因此，有人称加尔文是新教的教皇，日内瓦是新教的“罗马”。1564年5月27日加尔文去世，传世作品有《加尔文全集》，共52卷。

宗教改革运动打破了天主教会的垄断地位，瓦解了天主教会所主导的政教体系，促进了英国、荷兰、瑞士、北欧诸国的资本主义发展。早期资产阶级以新教作为革命旗帜，开启了一个全新的时代。

第七辑

亚洲的昨天

朝鲜壬辰卫国战争

日本是一个四面环海的国家，不管是矿产还是农业都较为落后。16世纪80年代，丰臣秀吉基本统一日本后，为了让日本获得更多的资源和更大的生存空间，也为了平息国内封建主和商人对分封不均的不满，决定对外发兵，妄图先后侵占朝鲜、中国及印度，在东方建立一个庞大的帝国。

1591年，丰臣秀吉遣使前往朝鲜，以“施王政于亿万斯年”的狂妄和朝鲜提出借道进攻中国。朝鲜国王拒绝了这一厚颜无耻的要求，丰臣秀吉以此为由于1592年春天，悍然发动了对朝侵略战争。1592年是壬辰年，所以朝鲜史家称这场战争为“壬辰卫国战争”。

10多万日军先锋军队乘坐着700余艘战船渡海在釜山登陆。釜山守军和居民虽然进行了顽强抵抗，但因寡不敌众，终为日本人攻占。很快，日军主力部队在朝鲜沿海多个城市登陆。当时的朝鲜为李氏王朝所统治，统治者重文轻武，全国300多郡县大多数没有城防；再加上以标榜儒学的贵族子弟为代表的“士林派”和以在朝官僚贵族为代表的“勋旧派”因朋党之争屡次发生政变，导致国内政局不稳、人心涣散，国力大为衰落，无力组织抵抗。因此，日本侵略大军势如破竹，5月占领王京（汉城），7月初，接连占领开城、平壤，朝鲜国土大部分沦丧。日军所到之处焚烧劫掠，仅在晋州一地，被屠杀的军民就多达6万人。

面对日军的残酷暴行，朝鲜人民在非占领区纷纷组织义勇军奋起抗战，他们烧毁日军的军粮库，破坏交通要道，突袭日军营地和要塞，并夺回了几座城市。无比愤慨的朝鲜军人投入对日作战。在国家危难之时，南部将领李舜臣率领朝鲜水军，经过多次作战，击退日军300余艘海舰，杀伤大量日军，朝鲜海军有力地打击了日军嚣张的气焰，打乱了丰臣秀吉水陆并进的作战计划，同时为陆军的反击创造了有利条件。

李舜臣克敌制胜的重要因素，在于先进的武器。为了提高朝鲜水军的战斗力，长于战略的李舜臣，吸取朝鲜水军的传统经验，将旧有战舰改造成“龟船”战舰。船身用坚硬的木料制作，包上铁板，形似龟甲，故名“龟船”。龟船的“外壳”坚硬，不易被重炮击伤；顶盖和甲板还装有密集的锥刀，使敌人无法攀登上船。船头有一个大龙头，配置两个火炮，可以远程射击，还能喷撒硫黄等物，以烟火迷惑敌人。龟船两侧各有10支船桨，一齐划动，行动敏捷，进退自如。经李舜臣改造后的龟船的防护性和攻击性俱佳，堪称当时世界上最先进、最有威力的战舰。

在朝鲜军民抗倭热潮的推动下，国王李昖遣使向中国明朝政府请求出兵援助。深知中朝唇齿相依，1592年夏，明朝政府命令史儒与祖承训率领5000名辽东铁骑入朝。史儒等人翻山越岭，抵达平壤附近，结果因对道路不熟，适逢大雨，又误中日军埋伏，几乎全军覆没。日军和明朝政府提出和谈要求，以大同江为界，将平壤以西归还朝鲜，平壤以南的大片领土则都将归于日本。面对这种损害朝鲜人民利益的和议，明朝政府群情激愤，断然拒绝。

当年年底，明朝政府派宋应昌、李如松率领4万大军横渡鸭绿江，大举援助朝鲜。经过一番周密的部署，中朝联军向平壤攻击前进。这场战争非常激烈，中朝将士奋勇当先。年过花甲的老将骆尚志被滚石打伤，腹部血流不止，仍然奋勇杀敌。李如柏的头盔中弹，坐骑被炮击毙，还是继续不断地冲锋。在中朝军队的奋勇抗击下，日本败退，平壤收复，这在根本上扭转了战局。翌年，在中朝军民的协同作战下，日军接连丢失西京、开城、汉城等，退守釜山，朝鲜国土几乎全部光复。

丰臣秀吉当然不甘心失败，以和平谈判为幌子，在国内积极备战，企图卷土重来。这场和谈拖延了将近四年，日本要求朝鲜政府将南部四道划给日本管理，并要求派送王子和大臣到日本做人质，永不背叛日本。朝鲜政府拒绝了这些无理要求，和谈最后破裂。其间由于党争和日本间谍的渗透作用，李舜臣一度被免职，锒铛入狱，起用的继任者昏庸无能，贪污腐化，防备松弛。

1597年夏，丰臣秀吉聚集大量兵力，派日军从水、陆两路再次进犯朝鲜。朝军由于准备不及时，前期蒙受巨大损失，丧失了海军要塞和南部各地。朝鲜政府再次起用李舜臣，并再次向明政府求援。

在朝日和谈期间，李舜臣一边积极地整顿海军，培训指挥人员，一边选择新的水师基地，赶造兵船枪炮。虽然身处监牢，他却一直密切地关注日军动向。被重新起用后，他仔细分析敌我力量及其他因素，指挥朝鲜水师撤到地势险要的鸣梁海峡。同年10月，李舜臣在鸣梁海峡以弱胜强，鼓舞了军民士气，这就是朝鲜历史上著名的“鸣梁大捷”。

应朝鲜王朝之请，1598年7月，明朝再次派兵增援朝鲜。统帅邢玠兵分三路，水路与李舜臣的水师积极配合，将日军势力逼到朝鲜半岛的南端岛山。

这场战争先后持续了七年之久，后期日军只占据了沿海地区。

日军只有招架之功，而无还手之力，又因物资供应不足，厌战情绪高涨，许多士兵选择了投降。日本长期发动战争，再加上不断失势，导致国内人口锐减，民怨沸腾，纷纷将矛头指向丰臣秀吉。10月，丰臣秀吉在满腔懊丧中病死，日军更加无心再战。

11月，日军率领500艘战船企图逃窜。中朝联军立即投入主力舰队，进行殊死决战。在东南海岸露梁海战中，李舜臣亲自擂鼓，率龟船闯入敌阵，被日军包围，明将陈璘率军上前支援，其中年过古稀的明朝老将邓子龙率领壮士200人，杀敌无数，然而战船不幸起火，日军趁机反扑，邓子龙力战而亡。前来救援的李舜臣不幸中弹，也壮烈牺牲。露梁一役，中朝军队大获全胜，击沉敌舰约200艘，全歼日本水军。之后夹攻日本陆军，陆军余部纷纷仓皇逃窜回国。

壬辰卫国战争以中朝两国的胜利，日本的失败而告终。这是朝鲜军民不畏强暴、英勇抵抗的结果，也是中朝人民联合抗敌的战争凯歌。通过这次战争，朝鲜人民维护了国家的独立、民族的尊严，成功奠定了亚洲的和平局面。

发端于宫廷政变的改革

645年6月12日，日本突然发生宫廷政变——“乙巳政变”。中大兄皇子联合大臣中臣镰足等人，铲除擅权跋扈的苏我氏贵族势力，废除皇极天皇，拥立孝德天皇即位，并组建了一个新政府。这并非一场简单的豪强地主和中央集权的夺权斗争，而是日本革新派和保守派的一场政治战斗。

日本是一个典型的群岛国家，包括九州、四国、本州、北海道4个大岛和3000余个小岛，2世纪之前，列岛上先后出现了数百个小国，相互攻伐不休。3世纪，本州中部奈良一带的大和国拥有肥沃的土地、大量吸收中国大陆先进技艺和大批移民，之后经过长期的扩张，成功地统治了日本关东以西大部分地区，还占据了朝鲜半岛东南端的任那（伽椰）地区，至5世纪初基本上统一了日本本土。大和国统一日本之后，其君主称“大王”，后改称“天皇”。

在不断向外扩张的过程中，大和国将占有的土地分为屯仓和田庄两部分，其中屯仓分配给皇室成员，田庄分配给贵族。同时将占有的劳动人民也分成两部分，一小部分是主要用于家内劳动的奴隶，另一部分是主要用于生产劳动的部民。部民是被征服地区的部落组织的居民，由于人数众多，部民会根据劳动分工分别编成不同的部，如从事农业生产的称作田部或米部，从事手工业或其他行业生产的总称品部，品部又按照行业的不同分为土师部、陶部、衣缝部等。

部民的地位略高于奴隶，拥有自己的家庭、生产工具和少量的财物，但是他们和奴隶一样是没有人身自由的，需要冠以主人名，并且要在氏族长的率领下为奴隶主贵族耕田、供役、纳贡赋等，并且世世代代相承。在贵族残酷的剥削下，部民过着十分悲惨的生活，于是不少人被迫逃入山林，拿起武器展开武装暴动。

自5世纪后半叶起，随着日本在朝鲜半岛的不断战败，皇室将军事负担强加在贵族身上，不断霸占贵族的领地，不断压榨贵族的钱财，皇室和地方贵族间的矛盾日趋尖锐。而贵族又将负担转移到部民身上，导致民不聊生、饿殍遍野的景象不时可见，部民纷纷逃亡，部民制走向没落。

592年，大权在握的大贵族苏我氏拥立甥孙圣德太子摄政。圣德太子摄政后，采取了一系列改革措施，如废除官职世袭制度，制定了冠位十二阶；颁布《十七条宪法》，提出天皇至上，强化以“天皇”为中心的中央集权和法制；为了充实国力，圣德太子向中国派遣留学生，汲取中国的先进文化，这些改革均是为了适应日本当时的社会形势，然而却未触及部民制，而且还遭到苏我氏的警惕与不满，多次进行阻挠。622年，圣德太子病故，苏我氏排斥改革势力，大和政权越发不稳。

在这种情况下，日本皇室中大兄皇子、中央大贵族中臣镰足和从中国归来的留学生等一批年轻有为之士，因憎恨苏我氏的专横，经过一番秘密筹划发动了武装政变，先在殿前诛杀苏我入鹿，后逼迫苏我虾夷举家自焚，权倾朝野的苏我氏宗家灭亡。掌握了朝廷大权后，改革派推举博览中国典籍的年轻皇子继承皇位，称孝德天皇，年号大化；立中大兄为皇太子，摄领政务；立中臣镰足为内大臣等，从而组建了一个中央集权的强大领导核心。

646年，孝德天皇颁布改新诏书，仿效法制完备的中国隋唐制度，进行社会政治变革运动，史称“大化改新”。

大化改新的主要内容是：在经济方面，废除部民制，把贵族的土地和部民都收归国有，土地变为国家土地，部民转为国家公民。在此基础上，实行班田收授法与租庸调制。

在政治方面，废除贵族官职世袭制，强调中央集权制度。在中央，设掌管祭祀的神祇官和总理政务的太政官，下设八省分别处理具体事务，并且统一由中央任命。地方设国、郡、里机构，分别由国司、郡司、里长治理，在原有氏姓贵族统辖的大小诸国设置关塞及驿站，将直接受中央管制。

大化改新是日本历史上的巨大变革，改革纲领不仅有效地解放了部分生产力，而且完善了日本的统治制度，使日本经济得到发展，社会环境日趋稳定，是日本由奴隶社会向封建社会过渡的标志。

第八辑

殖民时代

哥伦布发现新大陆

1452年9月22日，克里斯托弗·哥伦布出生在热那亚。虽然父母从事的是毛纺手工业，但是哥伦布却自幼热爱航海冒险，因为他从《马可·波罗游记》中得知，东方黄金遍地、香料盈野，他无限憧憬着那个世界。20岁左右时，哥伦布就已经跟随船只到过欧洲沿海各国，熟悉了大西洋东部海域的航路。

尽管当时地圆说的理论尚不完备，但是哥伦布却坚信这一点，并且宣称从欧洲海岸一直向西航行就可以直接到达亚洲的印度，以及其他东方国家。为了验证这一点，他决定亲自进行一趟环球之旅，先后向葡萄牙、西班牙、英国、法国等国国王请求资助，但是都遭到了拒绝。因为当时许多人并不相信地圆说，他们把哥伦布当成江湖骗子。而且当时欧洲通过传统的海、陆联运商路运输茶叶、丝绸、瓷器和香料等东方商品的既得利益集团，也极力阻挠哥伦布开辟新航路的计划。

听了哥伦布的主张和设想，西班牙女王伊莎贝拉半信半疑，犹豫了六年时间，并和哥伦布提出了一些条件，如无论哥伦布发现或取得哪些岛屿和大陆，都归西班牙国王统治；这些领地所出产或交换所得的物品，如黄金、香料等，十分之九归西班牙国王所有。哥伦布全部答应后她才同意哥伦布的计划。

1492年8月3日，经过几个月的精心准备，哥伦布携带西班牙国王致印度君主和中国皇帝的国书，率领3艘帆船、约100名船员从西班牙巴罗斯港出发，驶入大西洋后，一直朝着正西方向行驶，这是人类第一次横渡大西洋。

70个日日夜夜，眼见的无不是茫茫大海，这令所有船员有些失落，船员们不时抱怨，几乎要发生叛乱。10月12日凌晨，在皎洁的月光下有人隐隐约约看到前方有一块陆地，这令大家顿时精神振奋。天亮时，他们终于登上了陆地。哥伦布欣喜地宣布这里是西班牙的土地，并命名为圣萨尔瓦多岛，圣萨尔瓦多是救世主的意思，这个岛屿就是现在中美洲加勒比海中的巴哈马群岛。哥伦布以为自己已经到了印度，称呼当地人为印第安人，即印度人，直到逝世前他也尚未认识到这一错误。

之后，哥伦布没有继续向西航行，而是由此转向南，在不远处又发现了许许多多的大小岛屿。哥伦布在所到之处建立据点，利用

▲ 哥伦布雕像

欧洲先进的大炮和火枪，开始血腥地镇压当地的人民，准备疯狂掠夺当地的财富。不过他很快就失望了，因为这里既没有珍贵的黄金，也没有诱人的香料，只有许多不知名的动植物和大片的土地。不过，土地也是非常重要的，新航路的开辟本质上就是为了殖民扩张。

1493年3月15日，哥伦布返回西班牙，宣布自己已经找到了通往印度的航路，并且为西班牙找到了新的土地。哥伦布由此获得国王的礼遇，并且摇身变为西班牙的贵族。之后，在西班牙国王的大力资助下，哥伦布于1493年9月、1498年和1502年进行了第二、第三和第四次远航，先后到达多米尼加岛、瓜得罗普岛、安提瓜岛、维京群岛的波多黎各岛、特立尼达岛、委内瑞拉海岸以及巴拿马一带，他将所登陆的陆地和海域一一作了详细的记载。

后来，一个叫阿美利加·韦斯普奇的意大利学者，前往哥伦布“发现”的土地上考察，结果发现，哥伦布到达的这些地方根本不是东方的印度，而是一片不为人知的“新大陆”。1507年，德国教授马丁·华尔西穆勒绘制世界地图的时候，遵照阿美利加的说法把这块“新大陆”命名为“阿美利加洲”，把哥伦布最初到达的加勒比海与墨西哥湾之间的岛群则称为“西印度群岛”。

虽然哥伦布没有如愿完成环球旅行，向众人证实地球是圆的，但他是首次登上美洲大陆的欧洲人，在全世界赢得了“哥伦布发现新大陆”的荣誉。1506年5月20日，哥伦布病逝于西班牙。

达·伽马绕航非洲

达·伽马是葡萄牙著名的航海家，是第一个从欧洲通过绕航非洲到达印度的人，开辟了西欧到印度的海上新航路。

1469年，伽马出生在葡萄牙锡尼什一个航海世家。由于父亲和哥哥都是出色的航海探险家，伽马从青年时代就开始学习航海技术，后来开始在舰队中工作。

15世纪初，葡萄牙在欧洲率先完成国家统一。为了实现土地的扩张，葡萄牙一直在寻找一条从欧洲直接通往印度的航线，亨利王子时期就培养了一批富有经验的航海探险家。1488年，巴尔托洛摩·狄亚斯带领一支探险队到达并绕过了非洲南端的好望角并返回葡萄牙，更是激发了葡萄牙人远航印度的热情。

1497年7月8日，伽马受葡萄牙国王的派遣，率领4艘船、170名船员从里斯本出发，寻找印度的海上航路。船队一开始是朝着西南方向前进的，在佛得角群岛做了短暂停留，补充了足够的食物和水后才转向东南航行。先向西南，后转东南，伽马之所以走一条弧形航线，是为了避开险恶的海流。在大西洋连续航行了96天，因新鲜水果和蔬菜供应不足，大部分船员都患上了坏血病。11月4日，这支船队终于登上一块陆地，伽马将这里命名为圣赫勒拿湾，星盘显示这里在好望角北方190千米处，船员们采集了食物和水，修理船具后继续沿着非洲东海岸向北航行。

▲ 达·伽马十字架碑

在肯尼亚的马林迪，伽马找到了一位专业的印度引航员。在该引航员的指导下，他们继续航行30天，绕过好望角，经过莫桑比克等地，于1498年5月20日，到达印度南方最重要的贸易中心卡利库特。一眼望去，这完全就是马可·波罗笔下的富庶繁荣景象，伽马等人内心激动不已，当居民们得知船队来自葡萄牙时极其惊讶。5月28日，伽马觐见了卡利库特国王扎莫林。

扎莫林躺在绿天鹅绒卧椅上，嘴里慢慢地嚼着槟榔，手持大金杯喝着酒，旁边的金盘中则装满了香料，一副傲慢的样子。伽马谎称自己只是一个穷困的旅行者，这些只是自己的物品，以后葡萄牙国王会准备更多的交易品。凭借自己的口才，努力说服国王同意葡萄牙人在当地贩卖带来的货物。然而，他们当时携带的都是黄油、蜂蜜、红帽子、衬衫、铜铃和珊瑚做的念珠之类的便宜东西，并不能吸引这些印度人。两个月后，带来的货物依然没有卖出去，他们只能用铜、水银和珊瑚等交换香料。

伽马在印度住了三个月，他一直都在想方设法地与卡利库特国王订立贸易协定，但是当时阿拉伯商人长期垄断着东西方之间的贸易，他们从中作梗说伽马一行是海盗，企图驱逐他们。被逼无奈之下，伽马抓了六名当地贵族做人质，强迫卡利库特国王改变态度，最终同意跟葡萄牙订立贸易协定，但是要求必须是金银、珊瑚和红呢绒之类的商品。伽马总算完成了使命，带领船队返航。

虽然来时已经大致摸清了路线，但伽马一行的返航并不顺利，其中他们曾因风向不顺致使航期延长，多名船员都死于坏血病。又因缺少人手，不得不毁掉了“圣拉斐尔号”。1499年9月初，伽马一行终于返回里斯本，全程共计26个月，航队出发时总计170人，归来时只有55人。

这是一次历史性的伟大壮举，葡萄牙国王曼努尔为伽马一行举办了隆重的欢迎会，还授予伽马爵位，并任命他为印度洋总督。探险队从印度运回的香料、丝绸、宝石、象牙等商品得到了葡萄牙人的热烈追捧，让这次远征的投资超额回本。但这次远航的最大意义在于，打破了阿拉伯帝国对海上贸易的垄断，促进了欧亚贸易的发展，这条航路的通航也是葡萄牙和其他欧洲国家从事殖民活动的开端。

麦哲伦全球航行

1480年，斐迪南·麦哲伦出身于葡萄牙北部的一个贵族家庭，青年时曾担任葡萄牙国王若奥二世的侍从。16岁时，他正式成为一名海军士兵，跟随葡萄牙首任驻印度总督阿尔梅达参与国家航海事务，因而掌握了丰富的航海知识，熟悉了东方世界。

考察和游历中苏门答腊、爪哇、印度尼西亚和摩鹿加群岛（今马鲁古群岛）时，麦哲伦看到摩鹿加群岛的东面是一片汪洋大海，由此想到大海的另一边应该就是哥伦布发现的美洲大陆。之后，他阅读了大量的航海资料和地理书籍，后来又拜访航海家列什波亚、天文学家法利罗等人，认定在美洲大陆的南端有一个海峡，可以绕行返回欧洲。这也就意味着，从欧洲西岸沿着非洲西岸向西南航行，渡过大西洋，沿南美东岸再向西南航行，绕过美洲大陆南端的海峡，西渡大南海之后再向着摩鹿加群岛行驶，最后再渡过印度洋，从非洲的好望角就可以返回欧洲西岸。

为了争取王室、贵族和商人的支持，早日实现这一环球航行，麦哲伦四处向人陈述自己的构想和计划，结果人们都认为他是幻想，均予以拒绝。后来，在塞维利亚长官、丰塞卡主教的支持下，西班牙国王查理五世才同意了麦哲伦的航行计划，条件是如果航行成功，所得全部收入的95%归国王所有。

1519年9月20日，麦哲伦带领五艘满载食物、玻璃镜、丝绒和水银等货物的帆船，以及265名全副武装的船员，从西班牙出发，驶入浩渺无际、惊涛骇浪的大西洋，开始了人类有史以来的第一次环球航行。

经过两个多月的航行，麦哲伦的船队才渡过大西洋，到达南美洲巴西东北海岸。他们利用东北季风和赤道海流，沿着非洲西海岸南下。又经过四个多月的航行，船队进入里约热内卢湾，看到一个西去的宽阔水道，起初船员们以为这里是海峡入口，后来才查明只是个海湾，这就是今天乌拉圭的拉普拉塔河的出口处。

此时已是1520年3月，南美洲已临近冬季，时常出现风雪交加的天气，航行极其困难。月底，船队驶入一个风平浪静的港湾，麦哲伦把它命名为“圣胡利安港”，并决定在这里抛锚过冬。几次探索海峡都遭遇失败，许多海员开始灰心丧气、抱怨连连，甚至有三个船长开始公然反对麦哲伦，试图带领船队就此返回。为了不让这次航海半途而废，麦哲伦实施计谋平定了这次叛乱。

五个月后，麦哲伦率领船队继续出发，之前有一艘船因触礁不幸沉没，此时只剩下四条船。又经过两个月的航行，船队又发现一个弯弯曲曲的海口，这个海峡四处都是悬崖峭壁，而且巨浪汹涌。麦哲伦派出一艘船前去探航，结果船员们因为担心出现沉没的危险，掉转船头逃回了西班牙。麦哲伦不愿放弃，率领剩下的三艘船，开始了高度紧张的航行。1520年11月28日，经过一个多月的航行，麦哲伦终于驶出了这条长达550千米、通往“南海”的海峡，即后人所称的“麦哲伦海峡”。“南海”浩瀚无际、风平浪静，麦哲伦将之命名为“太平洋”。

麦哲伦指挥剩下的三艘船驶进太平洋，太平洋上一直没有遭遇到狂风大浪，但是由于水域宽广，连续航行了100余天才到达西岸，

▲ 麦哲伦雕像

总航程长达17000千米。看不见陆地，遇不到岛屿，在辽阔的太平洋上，探险队由于没有储备足够的食物和水，备受饥饿、干渴和坏血病的煎熬，致使许多人中途丧命。

1521年3月6日，船队终于到达马里亚纳群岛中的一些岛屿，麦哲伦一行得以补充了粮食、蔬果和淡水。之后船队继续往西行驶，10天以后，他们发现了一个盛产热带水果的较大群岛，麦哲伦将此地命名为“圣拉萨罗群岛”。22年以后，它被改名为菲律宾。

之前，没有任何一位欧洲探险家到过菲律宾，当地人对麦哲伦一行感到惊奇之余，表现出了很大的热情。为了说服他们成为西班牙国王的属臣，麦哲伦大力地传播基督教，岛上许多居民都接受了洗礼。为了推行殖民主义的统治，他还插手小岛首领之间的内讧。

1521年4月27日，麦哲伦率兵帮着宿务岛的君主征服一水之隔的麦克坦岛，结果在战斗中被麦克坦武士杀死在沙滩上。

麦哲伦的船员们驾驶仅存的“维多利亚号”和“特立尼达号”继续行驶，在一个叫摩鹿加的小岛上收购了大量如丁香、豆蔻、肉桂的贵重香料。“特立尼达号”由于损坏严重留下修理，只剩下“维多利亚号”自帝汶岛朝好望角驶去。船员们虽然平安地绕过了好望角，可是不少人在佛得角群岛被葡萄牙当局逮捕，最后只有18名船员幸存，返回西班牙。1522年4月，修好的“特立尼达号”离开摩鹿加，企图前往巴拿马，结果遭遇强大的风暴，被葡萄牙的强盗抓捕，后来仅有四人生还并返回西班牙。

麦折伦的环球航行不仅是一次无与伦比的海上大探险，更让人类科学实现了巨大进步，因为它证明了世界各大洋是相通的，证明了人类居住的地球是一个圆球体，从而推翻了陆地大于海洋的谬论，结束了有关地球形状的无休止的争论。

第九辑

近代英国

圈地运动下的英国农村

> 曾多少次，我在你那种种迷人的景色前停留，
>
> 甜美微笑的村庄，草地上最可爱的村庄，
>
> 这片土地正在遭遇厄运，它是来势凶猛的灾难下的牺牲，
>
> 财富在积累，人口在凋零……

这首名为《荒村》的诗歌出自18世纪英国小说家哥尔斯密之手，描写的是15世纪英国因毛纺织业发展而出现的著名的圈地运动。

15世纪之前英国一直以农业生产为主，纺织还是一个毫不起眼的行业。随着新航路的开辟，国家间的贸易日益扩大，欧洲大陆西北角的佛兰得尔地区开始重视毛纺织业，附近的英国也紧随其后。毛纺织业的迅猛发展，带来的是羊毛需求量的增大以及羊毛价格的猛涨，养殖业成为获利丰厚的产业。身为欧洲传统的养羊大国，英国不但供应国内的羊毛需要，还供应国外的羊毛需要，而养羊需要大片土地，于是唯利是图的贵族们纷纷开始驱赶原来租种他们土地的农民，然后用木栅栏、篱笆、沟渠和围墙等，把一块块土地圈占起来发展养羊业。被迫离开家园的农民，由于无家可归只能四处流浪，这就是英国历史上著名的“圈地运动”。对此，英国著名作家托马斯·莫尔曾在其代表作《乌托邦》一书中评价说：“绵羊原本是很温顺的动物，吃一点点就容易满足，现在它们却变得无比贪婪和凶

狠，甚至要把人吃掉，它们要踏平我们的田野、住宅和城市。”就这样，“羊吃人”这一形象的比喻便成为圈地运动的代名词。

一开始，圈地运动首先剥夺的是农民的公共用地。当时的英国，虽然很多土地都有固定的主人，但是公共用地却是共有的，包括森林、草地、沼泽和荒地等。那些有权有势的贵族强行占有这些公共用地，并在此基础上建立起自己的大牧场、大农场。后来这些土地难以满足日益扩大的需要，他们又开始使用各种暴力手段，把那些世代租种他们土地的农民赶走，甚至把整个村庄和附近的土地都圈占起来发展养羊业。在利益的驱使下，这些贵族还互相攀比，力图将自己的牧业庄园发展得越来越大，这就导致越来越多的农民被迫离开家园，流入城市，成为劳动力市场上的无产者。为了在城市中生存下去，这些农民不得不出卖自身的劳动力，进入生产羊毛制品及其他产品的手工工场，成为资本家的廉价劳动力。

从15世纪70年代开始，直到19世纪前半期，英国的圈地运动才逐渐结束。在这场轰轰烈烈的运动中，英国几乎一半以上的土地都变为牧场。圈地运动牺牲了广大农民的利益，虽然英国国王颁布了一些限制圈地的法令，但是政府总体来说是支持圈地的，所以这些法令并没有起到多大作用。18世纪后，英国国会开始公开支持圈地，通过大量准许圈地的法令使圈地日益合法化，最终引发了圈地狂潮。据不完全统计，当时英国被圈占的土地多达600多万英亩，农民人数创历史最低。

为了安置被驱逐的农民，英国国王也颁布了一些限制流浪者的法令，规定凡是有劳动能力的游民，若在规定时间内找不到工作一律严惩。通常，第一次被发现要受到鞭打，然后送回原籍。如果再次被发现，就要被割掉半只耳朵以作惩罚。第三次被发现，就要被处以死刑。后来又规定凡是流浪者一个月还没有找到工作，一经抓住就要被卖为奴隶，并且任由奴隶主驱使。如果奴隶逃亡，抓回来会被判处终身为奴。第三次逃亡，抓回来就要被判处死刑。其中，流浪者的子女任由他人抓去做学徒、当苦役。这些严酷的法令，迫使那些被赶出来的农民不得不忍受资本家的残酷剥削。

当然，圈地运动也具有一定的积极作用。比如，它为英国的资本主义发展提供了大量的自由劳动力，积累了资本，扩大了市场，从而大大地促进了英国的工业发展，加快了纺织行业的分工和技术改进，为后来的工业革命做好了准备。

世界近代历史的第一页

15世纪末到17世纪初，英国在社会经济、政治等多个方面都发生了巨大变化，这一时期正处于都铎王朝的统治下。都铎王朝虽然只有短暂的118年，但是五代君王在尽力削弱旧贵族的势力、加强专制统治的基础上，都积极地鼓励国内工商业的发展和世界市场的开拓活动，并通过一系列措施提高了国力，促使英国成为海上强国，同时也使英国经济迅速发展，新型资产阶级力量更加强大。

自1603年至1714年，斯图亚特王朝开始统治英国。国王詹姆士一世和查理一世父子因信奉“君权神授”，厉行专制制度，实行圈地罚款、擅自征收新税，经常触犯资产阶级的利益；又实行宗教专制，迫害清教，掀起了“清教运动”。斯图亚特王朝的专制统治严重阻碍了资本主义的发展，最终引发了1640年的英国资产阶级革命。

随着英国国内资本主义经济的不断发展，新贵族和资产阶级的力量也日益壮大起来，并催生了与专制王权处于对立状态的国会，双方之间的矛盾和斗争不断。1628年，国会向英王查理一世提出了限制王权的《权利请愿书》，查理一世一开始出于财政需要而勉强批准，但是并没有真正地执行。当国会抗议查理一世随意征税时，查理一世遂下令解散国会，致使英国进入无国会的专制统治时期。

1640年11月，查理一世为了筹集军费被迫重新召开国会，国会趁机提出一系列有利于资本主义发展的要求，并拟定了《大抗议书》，声讨查理一世的残暴统治。恼羞成怒的查理一世向国会宣战，国会和国王之间的矛盾彻底爆发，这标志着英国革命的开始。眼见伦敦革命形势高涨，保王派势单力薄，查理一世于1642年1月北上约克城组建了一支保王军队，开始以武力镇压国会。8月22日，他在诺丁汉竖起保王军旗帜，正式宣布讨伐国会，旷日持久的“英国内战”被拉开序幕。

这是一场以新兴资产阶级为首的广大社会阶层反对君主专制和封建制度的武装斗争，自1640年一直持续到1688年，其间发生了两次重要的战争。

1642年10月23日，保王军同国会军进行了埃吉山之战，这也是双方的首次大规模交战。保王军兵力7000多人，国会军7500人，兵力旗鼓相当。经过一番激战，保王军击败了国会军的两翼骑兵，国会军中路步兵则击溃了保王军步兵，双方打成平手，未分胜负。10月29日，悄悄向伦敦进发的保王军攻占牛津。11月12日，攻占布伦特福，伦敦告急。在此危急时刻，伦敦手工工人、学徒和平民组成的一支4000多人的民兵队伍火速奔赴前线，使国会军力量大增，士气大振，保王军因兵力有限，不得不放弃进攻伦敦的计划，退回牛津。1643年，休整一番的保王军兵分三路再次进攻伦敦，伦敦再次告急。伦敦民兵再显神威，他们组成四个团队，积极配合国会军作战，经过屡次激战，最终挫败保王军的进攻，使伦敦再次转危为安。尽管如此，保王军还是控制了英国五分之三的国土，整个军事形势对国会军十分不利。

国会军之所以在内战初期节节失利，既有政治方面的原因，也有军事方面的原因。在政治方面，掌握国会领导权的长老派满足于既得利益，不愿与国王彻底决裂，也无意推翻王权；在军事方面，统帅们只是想显示军威，让国王做出妥协和让步，缺乏主动进攻精神，执行消极防御的策略。在国会军节节失利的情况下，军中涌现出了一批以克伦威尔为代表的杰出将领，在克伦威尔的组织下，“东部联盟”军队达到1.2万人，在之后的几场战斗中屡战屡胜。

1644年7月初，两军在马斯顿荒原再次展开大规模会战，并且均采用了骑兵两翼、步兵居中的战略。克伦威尔指挥的左翼骑兵作战英勇，很快就摧毁了保王军的第一、第二线骑兵，亲王鲁伯特落荒而逃。战斗持续了一个半小时，国会军左翼取得胜利。但与此同时，纽卡斯尔率领的保王军步兵和骑兵的猛烈反击，致使国会军中路步兵和右翼骑兵遭到重创，步步后退，处境危急。在此关键时刻，赶来支援的克伦威尔率领骑兵从背后发起进攻，一举击溃保王军右翼骑兵，又集中兵力冲入保王军步兵阵中，使得保王军溃败。通过马斯顿荒原之战，国会军摧毁了保王军的北方据点，扭转了战争初期连连失利的局面，从此掌握了战争的主动权。其中，克伦威尔因在会战中有勇有谋，对取得会战的胜利起了决定性作用而一举成名，他的部队也以“铁骑军”闻名全国。战争结束后，查理一世沦为阶下囚。

但是胜利并没有到来，由于国会内部长老派和独立派存在根本的分歧，双方之间的斗争日益激烈，1647年2月，长老派迫使国会通过解散军队法案，以克伦威尔为首的独立派拒绝执行遣散军队的命令，于是团结小资产阶级激进派别“平等派”，在伦敦广大群众的支持下，率军队开进伦敦，并掌握了国会实权。之后，国会军一改之前消极防御的策略，采取主动进攻的积极战略，内战的形势大为改观。但是，由于克伦威尔镇压激进的“平等派”，国会内部再次发生分裂和斗争。

▲ 克伦威尔塑像

这给了查理一世可乘之机，他逃出国会军大本营，积极联络长老派和苏格兰人，于1648年2月在西南部和独立派宣战，第二次英国内战爆发。国会军在威尔士和东部通过重炮猛轰，先后平息了保王党叛乱。8月17日，国会军在普雷斯顿同支持国王的苏格兰军队进行激战，克伦威尔首先击溃了苏格兰军左侧的英国王军兰代尔部，之后击溃里布尔河右岸的苏格兰军，随后乘胜渡河追击。18日，国会军在威根将苏格兰的后卫部队切割成数段，然后逐一歼灭。19日，国会军追歼苏格兰军至沃林顿附近，爆发了自苏格兰军入侵以来最激烈的战斗，最后克伦威尔夺取了山隘和默西河上的一座桥梁，堵住了苏格兰军的退路，在走投无路的情况下，苏格兰军的大部人马被迫投降。至此，第二次内战以英国国会军的胜利宣告结束。

英国内战是英国资产阶级同封建专制王权之间的一系列武装冲突和政治斗争，通过这场战争，封建专制王权被推翻，资产阶级、新贵族借机夺得国家政权，为英国资本主义制度的发展铺平了道路。查理一世被公开处以死刑之后，英国成立资产阶级共和国，宣告了资本主义制度的诞生。

克伦威尔的统治

奥利弗·克伦威尔是英国资产阶级革命时期的主要军事、政治领导人、独立派领袖，也是英吉利共和国的首位护国主。

克伦威尔自幼接受严格的清教徒教育，是一个虔诚的清教徒。年轻时，他曾在剑桥大学就读，后来到伦敦改学法律。大学毕业后回到家乡继承家业，成为一名经营农牧业的农场主。由于斯图亚特王朝的税收政策和专制制度，克伦威尔的事业进行得并不理想，甚至不得不拍卖部分地产而降为小地主。1628年，第一次当选为国会议员的克伦威尔正式登上了政治舞台。在英国议会下院，年纪轻轻的他曾以激烈而又富有理性的言语，精练有力地抨击了查理一世的反动统治，一度引起了人们的关注。

克伦威尔在政治上真正崭露头角是在英国内战中，内战爆发后他因支持议会投入到反对国王的战斗之中。内战初期，看到国会军因指挥不力而节节败退，英国资产阶级革命即将被扼杀在摇篮中，心急如焚的克伦威尔立即赶往东部各郡，说服大家组成东部联盟，并且亲自出钱组建了一支精诚团结、纪律严明、训练有素，同时虔诚信仰清教的队伍，这就是在战役中屡建奇功的“铁骑军”。

1644年7月2日，在约克城附近的马斯顿荒原上，国会军与保王军展开了第一次大会战，最终克伦威尔率领的国会军夺得战役胜利。这场战役是英国内战的转折点，从此国会军掌握了战争的主动权。

由于在战斗中表现出的卓越军事才能，克伦威尔声震全国，并被人们赞誉为“铁人”。

马斯顿荒原战役之后，克伦威尔深刻地认识到，国会军如果再不实行军事改革，要想击溃保王军难上加难，于是他决心依照自己的建军经验，彻底对国会军进行改组。在1644年12月的国会会议上，克伦威尔声色俱厉地和长老派议员提出了自己的意见和建议。迫于当时的战争形势以及克伦威尔在国内的威望，长老派授权克伦威尔组建了以“铁骑军”为核心的新军，史称“新模范军”。正是通过这次军事改革，克伦威尔从长老派手里夺取了国会军权，成为英国军队的真正领导。

1645年6月，纳西比战役爆发。当时新模范军虽然刚刚建立，却展示出了非常强大的实力和威力。战斗仅仅持续了三个小时，新模范军便全歼保王军主力，基本结束了第一次内战。此后，克伦威尔又击溃了保王军的反攻，并将查理一世推上断头台，之后宣布英国成立共和国。

为了更好地巩固资产阶级革命的成果，克伦威尔一面大力打击王党分子的复辟活动，一面又镇压平等派和掘地派的革命运动。1649年3月，被任命为爱尔兰总督和远征军总司令后，克伦威尔倚仗强大的兵力，对爱尔兰人民起义进行了残酷而疯狂的镇压，约3万爱尔兰人民被屠杀。这成为英国资产阶级革命的转折点，因为在镇压爱尔兰人民的过程中，这支纪律严明、秋毫无犯的革命军俨然已经与烧杀抢掠、无恶不作的侵略军无异。由于在苏格兰和爱尔兰的大获全胜，克伦威尔不但在英国，同时在欧洲大陆都获得了“常胜将军”的称号，无论是权力还是声望都无人能望其项背。

1653年4月20日，国会中的长老派为了继续把持国会、阴谋复辟，策划通过新的选举法，克伦威尔得知消息后来不及换衣服，立即带兵赶到国会大厦。正当议案将要付诸表决时，他厉言呵斥、申斥议员，限令议员们一分钟内必须离开。克伦威尔命人将议长拖走后，手拿议长席上的权标，下令将国会大门上锁。这沉重地打击了旧势力复辟的企图，也为克伦威尔建立军事独裁铺好了道路。

同年12月16日，克伦威尔召集由他自己选定的议员重开国会，以武力逼迫议会任命自己为“英格兰、苏格兰及爱尔兰护国主”。当礼仪官献上国玺、市长送上国剑以后，身穿黑色长袍、头戴金边帽子的克伦威尔从王椅上站起来，宣读了由军队会议拟定的新宪法——《统治文件》，并宣誓效忠宪法。

《统治文件》中规定，由国务会议和护国主共同掌权，但是克伦威尔却集立法、行政、军事及外交大权于一身，成为英国事实上的国家元首。鉴于当时国内经济状况持续恶化，阶级矛盾日趋尖锐，共和国面临着种种危机，克伦威尔却一再加强独裁专制，后来甚至改护国主为克伦威尔家族世袭，这阻碍了英国彻底民主化的进程。尽管如此，他在军事及政治上的功绩仍然是值得称道的。

“进口”国王的复辟

1603年，英格兰女王伊丽莎白一世逝世。由于没有直系的继承人，伊丽莎白一世死前将王位传给旁系亲属苏格兰女王玛丽·斯图亚特的儿子——苏格兰国王詹姆士六世，史称詹姆士一世，英国自此进入斯图亚特王朝统治时期。

查理一世统治时期，英国通过两次内战建立起一个共和制国家，结束了斯图亚特王朝的统治。克伦威尔担任护国主期间，也逐渐走上独裁道路，引发了广大民众和议会的不满。

1658年9月，克伦威尔逝世，其子理查·克伦威尔继任护国主。理查庸碌无能，不能服众，贵族和高级军官纷纷反叛，不到一年就逼他辞职，高级军官集团借机掌握了国家政权。这些人你争我斗，国内农民起义不断，英国陷入一片混乱之中。为了保存和维护自己的利益，伦敦的大资产阶级和各地乡绅们决定恢复斯图亚特王朝的统治，他们暗自勾结流亡法国的查理一世的儿子查理·斯图亚特。

其间长老派和保王党召开了一次新国会，会议提议政权“应属于国王、贵族和平民”，宣布查理·斯图亚特为“英格兰、苏格兰、爱尔兰最强有力的和不容置疑的国王”，这其实相当于恢复王权统治。查理则宣言声明：除了追究处死父亲的克伦威尔之外，赦免一切参加过革命的人，其他反对君主制度的人一概不予追究；保证宗教信仰自由；国王不设置常备军，与国会共同管理国家等。

1660年5月，查理·斯图亚特从法国返回伦敦，登上王位，史称查理二世，复辟了斯图亚特王朝，查理二世也因此被称为“进口”国王。查理二世登基前的宣言声明赢得了不少人的支持，但是他一上台就马上翻脸，对革命进行了疯狂的反攻倒算，许多政策同资产阶级的利益相抵触。

流亡期间，查理二世曾获得法国国王路易十四的庇护，为了表达自己的感激之情，他不仅在政事上听从路易十四的支配，还不顾国内人民的反对，把从西班牙人手中夺得的敦刻尔克卖给法国。当时正是英国资本原始积累的重要时期，这一举动无疑使英国对外贸易遭受了严重损失，引起了资产阶级及人民的不满。

1685年，查理二世无嗣而亡，其弟詹姆士继位，史称詹姆士二世。詹姆士二世是个狂热的天主教徒，但是英国人对天主教并不信任，纷纷反对他的宗教政策和专制统治，新教徒更是将他当作敌人。1688年6月30日，资产阶级和新贵族最终发动政变，结束了詹姆士二世的统治。之后，议会推举詹姆士二世的女婿威廉为英国国王，女儿玛丽为女王，实行双王统治。

威廉和玛丽上台后，议会又通过了著名的《权利法案》和《王位继承法》，将英国的权力中心从国王移至议会，至此国王与议会近半个世纪的斗争以议会的胜利而告终。由于这场政变没有发生流血冲突，所以又称“光荣革命”，它终结了英国的专制主义统治，开启了君主立宪制的民主统治。

第十辑

法国资本主义革命

巴士底狱的沦陷

法国巴黎是一座浪漫的城市，这座城市的东部有一个著名的广场——巴士底狱广场，很多来法国旅游的人，一定会参观这个景点。而在广场的一角，一块石碑诉说了这座广场的前世今生。

200多年前，这座广场上耸立着一座庞大的监狱，它就是闻名世界的巴士底狱。当时，这座监狱的规模巨大，高达百英尺[1]，足足有八个塔楼。巴士底狱除了是一座关押重要政治犯的监狱外，它还是法国一座重要的要塞。所以每个塔楼上都架有大炮，放置着无数炮弹和杀伤力十足的火药。

在数百年前的巴黎市，巴士底狱就像是一只雄狮，但凡反对封建制度的人，都会被它吞噬。所以，从一定程度上来说，这座监狱也代表着法国王朝的专制制度。

历史是条长河，许许多多的建筑也都将淹没在这条长河之中，巴士底狱也不例外。随着巴黎市区的扩建，这座监狱逐渐失去了抵御外敌的作用，在18世纪末期，它彻底成了一座关押政治犯的监狱。而巴士底狱的沦陷，也要从这个时期说起。

当时，法国国王路易十六和贵族们贪图享受，整个国家的财政都处于赤字状态，为了维系享乐的生活，国王和他的大臣们想方设

1　1英尺≈0.3米。

法地搜刮钱财。一番商议后，他们将视线落在了已经停止的“三级会议”的成员身上，企图让这些成员来筹款。

不过，“三级会议”的成员们可不傻，他们看穿了国王和大臣们的阴谋。在国王召集他们参加会议时，他们提出了两个要求：首先是削弱国王的权力，改立三级会议为国家的最高立法机关；其次是取消按照等级分配表决权的制度，改为三个等级共同表决。

对此，国王路易十六大怒，谁都能看出这些要求是在挑衅他的统治权。为了捍卫自己的权威，他计划除掉三级会议的成员。为此，他暗中将一支效忠他的军队调回了巴黎。然而，消息像长了翅膀，迅速传遍整个巴黎。这令巴黎人民非常愤怒，也由此拉开了法国大革命的序幕。

1789年7月13日清晨，人们的呐喊声令这座城市不再沉寂，数以万计的人民会聚在街头，他们手上拿着枪支和其他武器，攻占市内一个个阵地要塞。仅仅用了一天的时间，他们就占领了整个巴黎市，唯有巴士底狱还没有被攻破。

当起义者们气势汹汹、斗志昂扬地来到巴士底狱时，塔楼中的炮火朝着人民群众开火。不过，这场战斗仅仅持续了两个多小时，巴士底狱数个塔楼中的士兵们就举起白旗投降了。起义者们冒着不愿投降的士兵们的枪林弹雨，攻入了巴士底狱。一番奋战后，巴士底狱最终沦陷了。

起义军占领巴黎的消息传遍了整个法国，各个城市的人民仿佛是感知到了革命的信号，他们效仿巴黎人民，迅速组建起了起义军。他们攻占城市中的要塞，攻打贵族们的城堡庄园。没过多久，法国王室的统治就被法国人民推翻了。

正是在这一年，由人民组织的制宪会议掌握了法国的统治权。

制宪会议颁布了“八月法令”，目的是废除所有封建制度，之后又颁布了《人权宣言》，向全世界宣布“人身自由，权利平等”的原则。

巴士底狱的消失，代表着法国封建制度的消亡。法国人民为了纪念革命的成功，特地将7月14日成功占领巴士底狱这一天作为法国的国庆节。

拿破仑与法兰西第一帝国

拿破仑·波拿巴是法国著名的政治家、军事家，有着“法国战神”的美誉。他缔造了法兰西第一帝国，是帝国的首任帝王。在他执政期间，法兰西成为欧洲最强大的国家之一。而这位有着“荒野雄狮”之称的帝王的传奇人生要从1769年他出生的那一天说起。

1769年，科西嘉岛的阿雅克修城中，一个贵族世家迎来了一个新生命，新生儿被取名为拿破仑。父亲希望拿破仑能像他的名字一般，成为荒野中不败的雄狮。

从小到大，拿破仑接受的教育都很严格，在他10岁这一年，就被父亲送去了法国的一所著名军校内学习。拿破仑表现得很优秀，他在16岁时，就被授予少尉头衔。1789年，法国大革命爆发后，拿破仑展露了自己的野心，他回到了家乡，想要推动科西嘉的独立。可惜的是，他的野心被亲英反法的保利集团击碎了，于是他不得不带着全家逃去法国。

回到法国后，拿破仑加入了革命队伍，他靠着过人的军事才能崭露头角，成为旅长。不过，在1794年的“热月政变”中，他的旅长头衔又被剥夺。之后，他在平定保王党武装叛乱中立下了大功，被封为陆军中将兼巴黎卫戍司令，也是从这一刻起，拿破仑在军界和政界中占有了一席之地。

在此后，拿破仑依然奔赴在战争前线，他出色的军事才能令其在大大小小的战争中屡屡获胜。在他26岁这年，被任命为总司令，统领法国和意大利军队。在意大利，他率领军队屡次击退了由奥地利和萨丁王国组成的反法同盟联军，并迫使对方签署了利于法国的停战条约。

战争的胜利，令拿破仑在人民群众和军队内的威信越来越高，他受到了无数法国人的追捧。有人欢喜有人愁，拿破仑的影响力令当时的督政府忐忑不安，为了削弱拿破仑在法国的影响力，督政府将拿破仑调去了东方，任命他为埃及军总司令，负责对抗英国的扩张。拿破仑也是从这一刻开始踏上了自己的远征路。

不过，拿破仑远征埃及的第一步就翻了个大跟头。他在埃及的军队被英国海军击溃，伤亡惨重，更为重要的是，他被困在了埃及。与此同时，法国保王党的势力死灰复燃，令国内的政治局势动荡起来。拿破仑敏锐地意识到，他必须回法国，否则会抱憾终身。所以，他抛下了远征军，带着几个亲信悄悄地回到巴黎。

拿破仑回到巴黎的消息很快在巴黎传开，人们欢呼雀跃，以欢呼拿破仑的名字来表达对他的推崇。拿破仑知道自己的支持者众多后，更加斗志昂扬，召集了很多人才，组建了属于自己的武装力量。他迅速推翻了督政府，成立了执政府。当晚，拿破仑下令起草了影响力甚远的《拿破仑法典》，这部法典对当时的德国、瑞典等多个国家的立法产生了重要的影响。

这次政变，拿破仑独揽法国的军权与政权，并开启了长达15年的独裁统治。在法国国内的政治稳定后，他将心思又放在了远征之上，军事行动不断。在1800年，他击败了奥地利军队，1802年，他又击败了以沙皇俄国为首的第二次反法联盟军队。而每一次的胜利，都让他签署到了有利于法国的和约。

拿破仑除了在军事上很有天赋外，他治国的才能也不遑多让。他解除了法国的境外危机后，回到了国内。先是用武力手段彻底瓦解了保王党的势力，粉碎了该党派的一切阴谋诡计。而后他又颁布了许多法令，以此来维护自己的统治权。

1804年12月2日，拿破仑在巴黎圣母院大教堂举行了加冕典礼，整个典礼隆重而气派。拿破仑将“法兰西共和国”改为“法兰西第一帝国”，而他则是帝国的首任帝王。拿破仑没有选择贪图享乐，而是踏上了他的新征程。

兵败滑铁卢

拿破仑为了提升自己在欧洲的威望，他将手中的战争之剑挥向了欧洲。在此后多年，他专注于打击欧洲的封建势力。然而，没有谁能常胜不败，拿破仑也是如此，他也遭遇了人生中最大的败绩，兵败滑铁卢。

1815年，在新年之际，维也纳正在举行一场会议，会议厅里坐满了欧洲各国的君主，他们汇聚一堂的目的只有一个，就是反对法兰西第一帝国。然而，会议开到一半，一个不好的消息传来：拿破仑在厄尔巴岛的战役中反败为胜，他攻占了里昂，罢免了国王。

与此同时，拿破仑在得知法国保王派重新掌控了巴黎，并建立了波旁王朝后，他匆匆回到了法国，并将在厄尔巴岛战役中胜利的消息告诉了士兵。他在法国南岸的儒昂湾，发表了激动人心的演讲："士兵们，胜利之神眷顾我们，我们并没有战败。我回到法国，是想告诉你们，让我们继续征战吧！让我们举起大鹰旗帜，去推翻波旁王朝。我们要捍卫我们的自由和幸福！"这番演讲令士兵们士气大涨，整顿一番后，他们朝着巴黎进军。

拿破仑的军队深受爱戴，所到之处，都会受到人们的欢呼。拿破仑没有费一兵一卒，就打败了波旁王朝，这是因为波旁王朝的阻击部队多数是拿破仑的旧部，他们纷纷归附。这时候，拿破仑的队伍已经发展到了数万人。保王党见大势已去，便与路易十八逃出了巴黎。拿破仑在法国人民的拥戴下，重新登上了王位。

▲ 拿破仑画像

与此同时，反法联盟的欧洲各国统治者也恐慌起来，他们对全世界的人们宣称拿破仑是好战分子，是扰乱世界和平的人。为了打败拿破仑，这些统治者迅速集结兵力，组成了第七次反法联盟。

拿破仑得知消息后，也快速地组织了武装力量，他希望自己能率领一支50万人的队伍对抗反法联盟军队。可惜的是，他集结到的兵力还没有达到他预期的一半。这样的形势对拿破仑、对法军来说，是极为不利的。

1815年6月16日，战争的号角吹响了。法军与普鲁士军厮杀惨烈，傍晚，拿破仑领导的法军将普军击溃。拿破仑没有立即歼灭普军，而是选择休息一日再战。也正是这个决定，令普军有了重新组建兵力的机会，对法军再次构成威胁。

拿破仑休整一日后，又去攻打由威灵顿公爵带领的英军。威灵顿深知凭他的军力无法对抗法军，便带着军队迅速往易守难攻的滑铁卢方向撤退。而拿破仑也带着军队追赶英军到滑铁卢。

6月18日上午，在英军向法军开炮的那一刻，战争彻底爆发。威灵顿公爵也是一个军事天才，在与拿破仑对战时，他鲜少主动出击，都是以守为主。这一战，法军和英军都损失惨重，但法军占据了上风，占领了圣拉埃村。就在拿破仑认为要击溃英军时，意想不到的事发生了，重新集结兵力的普军兵分两路，一半兵力支援英军，一半兵力攻打法军的右翼。

对本就有军事才能的威灵顿来说，普军的支援更让他如虎添翼，而英军在看到援军后，也都士气大涨。威灵顿重新制定了攻打法军的战略，与普军里应外合，最后将本就伤亡惨重的法军攻打得溃不成军。

拿破仑见大势已去，不再恋战，而是骑着自己的战马逃离了战场。这次战败，令拿破仑失去了壮志雄心。

拿破仑回到巴黎没多久，由百万人组成的反法联盟军迅速前往法国边境，并一直长驱直入到了巴黎。在7月7日那一天，拿破仑宣布退位，他的执政生涯也在那一刻结束了。反法联盟军没有杀死拿破仑，而是将他流放到了偏远的圣赫勒拿岛。

1821年5月的一天，圣赫勒拿岛响起了雄狮的哀鸣，曾经的“法国战神”“荒野雄狮”拿破仑在孤独中逝去了。

第十一辑

美利坚合众国

自由的摇篮——莱克星顿

莱克星顿是美国马萨诸塞州的一个小镇，它有着“自由的摇篮”之称，在美国人心中意义非凡。这是因为，北美独立战争的序幕就是在这个不起眼的小镇拉开的。

事情的起因要从18世纪后半期说起，当时，英国在北美的大西洋沿岸建立了13个殖民地，并派遣总督来治理这些殖民地。因为殖民地内工业和经济的发展，殖民地原住民之间的交往多了起来，而交往得越多，对民族和国家的意识就越强烈。

这时候，殖民地内相继出现了许多反英组织，譬如“自由之子”“通讯委员会”等，13个殖民地内也相继出现多起反英活动。英国政府察觉到了反英组织的威胁性，便下令各个殖民地的总督严格绞杀这些反英组织。

在1775年4月的一天，一个消息传入了马萨诸塞总督、驻军总司令盖奇的耳中。这个消息称，在距离波士顿不远的一个名叫康科德的小镇上，有一个“通讯委员会”建立的军需仓库。盖奇当即命令少校史密斯前去搜查。

史密斯率领了800名英军连夜前往，在4月19日凌晨，他们来到了距离康科德不远的一个小村庄，而这个村庄正是莱克星顿。史密斯带着军队刚进入村庄，就看到了几十个村民。这些村民的衣服破破烂烂，但他们反应迅速。史密斯立刻意识到，这些村民并不是普通的村民，而是莱克星顿的民兵。

史密斯还没有反应过来，这些民兵便迅速地聚拢在一起，摆出了战斗的阵势。尽管如此，史密斯毫不在意，一点儿也没有将眼前的几十个民兵放在眼里，一来是民兵的人数少，二来是他们手上的武器落后。

史密斯对英军发号施令，英军立刻与民兵战斗起来，北美独立战争的第一声枪响由此刻开启。民兵们寡不敌众，很快就战败了。他们没有恋战，而是迅速逃离了战场，分开跑向各个方向，然后躲藏起来。

对史密斯来说，初战赢得不费吹灰之力，这一战也令他失去了警惕性。之后，史密斯带领军队继续前往康科德。到了小镇后，街道上冷冷清清，见不到一个人，每家每户的大门都紧紧地关闭着。

史密斯命令士兵们挨家挨户搜查，这些英军粗鲁地踢开各家的大门，他们搜查了大半天，什么人都没发现。就在史密斯察觉到情况不对劲时，连忙集结士兵，准备离开小镇。却不想，队伍还没集结完毕，一阵呐喊声闯入了史密斯和英军士兵们的耳中。只见街道的尽头，涌入了大批民兵。

原来，这些民兵在得知英军到来的消息后，迅速集结在一起，纷纷赶往了康科德，包围正要撤退的英军。民兵们手中的大刀挥向了英军，枪支不停地朝着英军射击。因为猝不及防，又因为民兵人数众多，英军很快溃败。

这一次战斗，英军死去了数百人，而民兵仅仅牺牲了几十人。正是这一次胜利，令民兵感受到了希望，感受到了英军并没有那么难对付。

很快，莱克星顿胜利的消息传遍了13个殖民地，殖民地的原住民迅速组建起了武装力量，他们势必要将殖民者赶出自己的国土。也是在那一刻，美国独立战争正式开始。

独立战争胜利以后，人们便亲切地称打响独立战争第一枪的莱克星顿为“自由的摇篮”，人们还在小镇的中心铸造了一个民兵铜像，目的就是纪念那场发生在莱克星顿的战斗。

美利坚合众国的缔造者——华盛顿

华盛顿是美国著名的政治家、军事家、革命家，有“美利坚合众国的缔造者”之称，因为，正是他的带领，美国才能获得独立战争的胜利。而华盛顿不仅是美国的开国元勋之一，也是美国的第一任总统。在1789年4月20日，华盛顿在纽约的华尔街联邦大厦内宣誓就职。这位总统的传奇一生，需要从他出生的那天讲起。

1732年2月22日，弗吉尼亚州威斯特摩兰县威克弗尔德庄园内，一位美丽的妇人产下了一个男婴，取名为乔治·华盛顿。

华盛顿很小的时候，他的父亲就去世了。父亲并没有给他留下多少财富，仅有几块农田和十来个黑奴。田地里的收入并不能维持家庭开销，华盛顿长大一些后，不得不外出谋生，赚取钱财。

华盛顿16岁那年前往西部地区，成了一名土地测量员，后来又前往俄亥俄州做土地买卖。尽管华盛顿没有受过多少教育，但是他很聪明，通过实践，他一点点地掌握了工作技巧。

当时，英、法两国正为殖民地地盘打得不可开交。两国为了获得有利的战势，便将目光落在了北美大型的种植园园主身上，希望得到这些园主的支持，获取源源不断的粮食供给。英国为了打击法国，当时的弗吉尼亚州总督表示，如果有富人愿意加入反法战争，那么就会得到多达20万英亩的土地。

华盛顿得知这个消息后，他毫不犹豫地参加了反法战争，加入

▲ 华盛顿画像

了英国方。在与法国的战争中，他表现得特别出色，打赢许多次战役，并帮助英军将法军赶出了北美，而他也先后被授予中校和上校的头衔，并且，在战争中他也积累了很多战斗与指挥的经验。

战争结束后，英国出尔反尔，华盛顿并没有得到弗吉尼亚州总督承诺的给予20万英亩土地的奖励。英国对外宣布，西部的土地是属于王室的私有财产，不准垦殖。毫无疑问，这个宣布令华盛顿恼羞成怒，也因此，他对英国厌恶起来，并成为英国殖民政策的头号反对者。

1758年，华盛顿被选为弗吉尼亚州的议员。第二年，他娶了一位富有的妻子，成了弗吉尼亚州最大的种植园园主。但是，因为没有英国王室的准许，这些土地始终荒废着。也因此，北美的经济越来越落后，原住民的生活苦不堪言，每个人都对英国痛恨至极。

1775年4月，北美原住民们看到了希望，因为马萨诸塞州一个名叫莱克星顿的小村镇打响了反对英国殖民统治的第一枪，这场战争的规模很小，但却取得了压倒性的胜利。北美人民意识到，只要他们团结一致，一定能推翻英国的殖民统治，取得独立。于是，北美各州的人民纷纷集结起来，加入了反英大军，由此，美国的独立战争彻底打响了，华盛顿也开始积极地组建武装力量。

这年6月，反英首领们在费城召开了会议，这次会议除了制定反英战略外，还任命华盛顿为总司令。华盛顿在得知波士顿的起义军正在与英军奋战的消息后，迅速集结兵力，以最快的速度赶去了波士顿。华盛顿并没有退居二线，而是在一线亲自指挥战斗。凭着他的军事才能和以往战争中积累的作战经验，他很快击溃了英军。

这场独立之战打了很多年，因为在战争的初始阶段，华盛顿打得很艰难。主要原因有两个：一个是北美的民兵没有受过正规的军事训练，缺乏战斗经验，在武器配备和作战服上，也很落后；另一个是北美民兵的后勤常常断了供给，这是因为民兵的后勤还没有得到完善。所以，在独立战争的前期，华盛顿的军队并没有占优势，反而屡屡失利，在纽约和费城被英军占领后，一些心理素质差的民兵甚至放下手中的武器，向英军投降。

虽然战争中的形势非常不利，但华盛顿没有妥协，反而因为这些困难变得更加坚毅。他展现出自己非凡的才能，将各个州的人民团结起来，将缺乏纪律性、战斗力薄弱的美军训练成了一支正规的战斗力强大的军队。为了提高民兵们的斗志，他喊出了很多口号，譬如“美利坚人民是自由的，我们不是殖民者的奴隶”“我们脚下的土地是属于我们的，它们从来都不属于殖民者”……这些口号仿佛有魔力一般，让心智不坚定的民兵们变得意志坚定起来，发誓要将殖民者驱逐出他们的土地。

1777年9月，美军与英军在萨拉托加对战，这一场战争，华盛顿率领的美军获得了胜利。与此同时，华盛顿又争取到了法国等国的援助。此后，英军被美军打得节节败退，不得不集结兵力，撤退到南方港口城市的约克镇。

华盛顿率领美军紧追不舍，在法军的援助下，在约克镇与英军的对垒中，获得了胜利。在隔年的9月，英军向美军举起了白旗，选择投降，美军的获胜代表着美国独立战争的胜利。战争结束之后，华盛顿并没有留恋权势，他解散了自己一手组建的军队，并递交了辞呈，回到了自己的家乡。

不过，华盛顿并没有退出政治舞台。他先是废除了君主制，后又制定了联邦宪法。更是在1789年4月20日这天当选为美国的第一任总统。

华盛顿连任了两届总统，他在执政期间，制定了许多制度与措施。连任期满后，华盛顿告别了政治舞台，回到了自己的农庄。在1799年12月14日，这位传奇的总统与世长辞了。

自由女神像

美国纽约有一尊闻名世界的雕像——自由女神像。我们在许多电影之中，都能瞻仰到自由女神像的风采。这尊雕像意义非常，它既是一种象征，又是一种精神，它代表了独立和自由。很多人都知道自由女神像是美国的地标性建筑，但不知道的是，其实这座雕像来自法国。

历史中，美国的南北战争持续了多年，以南方的失败而收尾。战争结束后，美国政府决定，在1876年要举行一场盛大的活动，而这个活动的目的主要是庆祝美国建国100周年。

这个消息传到了法国，法国著名的自由主义者、青年雕塑家弗雷德里克·奥古斯特·巴托尔迪听到这一消息后，决定送美国一个礼物，就是由他亲手雕刻的自由女神像，而这座雕像代表了他对自由的热爱和追求。

巴托尔迪雕这尊自由女神像的目的有两个：一个是庆祝和弘扬美国新共和与自由，另一个是希望自由能重新降临在法国。

巴托尔迪雕刻女神像的灵感来自战争中的一个少女。他清楚地记得，在拿破仑发起政变推翻法兰西第二共和国的那一天，大街上，一个少女手中握着燃起的火把，嘴里高喊着“前进！”，然而，她还没有走几步，就被拿破仑的士兵们击倒在地，少女的身上溢满了鲜血。这一幕始终在巴托尔迪的脑海中挥之不去，在少女的身上，他

▲ 自由女神像

看到了她为革命、为自由敢于牺牲的精神。

此后，巴托尔迪开始了他的创作。在1869年，他完成了雕像的底稿设计。为了激发更多的灵感，他去了爱琴海，特地参观了阿波罗青铜雕像。历经数年，雕像终于完成了。自由女神像一经展出，立刻吸引了所有人的目光。因为，她实在是太大了。

自由女神像是由钢、铜合金铸造而成的，底座高达154.2英尺，边长62英尺，整尊雕像高达300多英尺。女神像的身材修长匀称，穿着一身长袍，看上去知性而优雅。她的面容端庄优雅，目光看向远方，她的头上戴着一个类似于太阳光芒状的头冠，这些光芒象征着世界上的七大洲和四大洋。她右臂高高地举起，手中握着一把火炬，这把火炬代表了自由，而她的左手则捧着一本书，书上刻着“独立宣言”，在书的下方还有一个日期“1776.7.4”。

有人说，自由女神像的身形参考的是巴托尔迪的未婚妻，而女神像的面容参考的是他母亲的脸，因为女神像的面容与他的母亲有几分相似。至于真实答案，恐怕只有巴托尔迪自己才知道。

庆典结束后，巴托尔迪护送自由女神像前往纽约港。女神是由钢材结构拼接而成的，为了方便运输，被拆卸为很多个部件，由“伊泽尔号”轮船运往纽约。从此，自由女神像成了美国的标志。值得一提的是，女神像的身上安装了照明装置，每到夜晚，女神像光芒四射，成为海上的一座灯塔。

马背上的英雄——美国牛仔

说起美国的特色，不得不提到美国牛仔。美国牛仔可不是指牛，而是指人。在众多美国影片中，美国牛仔一出场，就能立刻吸引人们的视线。因为美国牛仔的装扮非常个性，他们身材高大，穿着随性，脚上穿着长筒靴，头上还会戴一顶宽边的帽子。他们骑着高头大马，腰上别着火枪。

电影中的美国牛仔往往是正义的化身，他们维护和平，除暴安良，在与敌人战斗时，动作利落而潇洒。每每开完火枪后，还会朝着冒烟的火枪口吹上一口气，非常有魅力。而在现实当中，美国牛仔也有着“马背上的英雄”的美称。

在美国的历史上，牛仔扮演着什么样的角色呢？他们是否像电影中演的那样正直勇敢呢？

“美国牛仔”的称呼由牛而来。而美国的种牛从两个地方引入，一个是西班牙，另一个是英国。

在北美有一个神秘的传说，据说这块土地上隐藏着一片极乐净土。西班牙的一个探险家为了寻找这个传说中的地方，他带了500多头牛前往北美，而这些牛后来被运到如今的墨西哥的北部和美国的亚利桑那州。

18世纪初，英国的种牛被引入美国的俄亥俄州和肯塔基州。在印第安语中，肯塔基有“草地”的意思，所以肯塔基又有青草州的别称。肯塔基的牛可不会安分地待在一隅之地，它们又涌入了相邻的有着“草原之州”之称的伊利诺伊州。因为青草充足，养牛的技术越来越成熟，牛群繁衍的速度极快，很快又涌向了密西西比河以西的大草原。当时，这片草原俨然成了牛的王国，遍地可见牛群。

从西班牙引入墨西哥和美国亚利桑亚州的牛也繁衍迅速，并迅速地向外扩散。到了19世纪中期，美国的得克萨斯州的牛就已经多达5000多万头。得克萨斯州的牧民们见牛的数量泛滥成灾，不得不将牛群驱赶到别的地方，然后销往美国各个州。当时，为了驱赶这些牛群，还专门辟出了供牛走路的牛道，修建了供人和牛休息的牛镇。

将牛驱赶到其他地方，或是销售到美国各州，不仅长路漫漫、道路崎岖，还需要人看管、照顾，而这群看管、照顾牛的人就被称为牛仔，也就是如今的美国牛仔。

牛群是一笔移动的财富，在驱赶和运输过程中，难免有不怀好意的人打这笔财富的主意。所以，牛仔除了能吃苦外，也需要机智勇敢，与坏人斗智斗勇。与此同时，牛群还会遇到各种各样的意外，譬如被其他肉食性动物猎食，被湍急的河流吞噬，被毒蛇、毒虫叮咬，只要丢失或死去一头，就会损失一笔财富。

在很长的一段时间里，牛仔都有着特殊的地位。后来，交通便捷、运输发达后，牛仔的地位渐渐下降了。这些牛仔为了谋生，纷纷转行了。现在在美国，已经很少会看到牛仔的身影了，但牛仔们不畏艰险的精神却一直存在，并激励着人们前行。

美国内战——南北战争

美国的南北战争，又被称为“美国内战”，这场战争是美国历史上唯一的一次内战，参战双方是南方的美利坚联盟国和北方的美利坚合众国。那么，这场战争是怎么拉开序幕的？又是怎样收尾的呢？

在19世纪的中叶，南美实施黑人奴隶制，北美实施雇佣制，因为制度的不同，令南美与北美之间的政府频频出现分歧，两边人民也出现越来越多的摩擦，并逐渐上升到政治和经济上的对立。

1860年，南美与北美的矛盾上升到了一个新高度。这一年，林肯当选为美国总统，他反对黑人奴隶制；南方的六个州相继退出联邦，并开始掠夺各州内的联邦资产，尤其是军事设施；南方各州成立了美利坚联盟国，杰弗逊·戴维斯被选为总统，并且另外制定了宪法，种种迹象表明，南美想要公然搞分裂。

美国联邦政府在察觉到南美的分裂意图后，决心要捍卫统一。南北内战的初战炮火并不是由北方的美利坚合众国开启，而是由南方的美利坚联盟国开启的。在1864年4月12日，南方的同盟军攻击了萨姆特要塞。北美总统林肯在4月15日这一天，正式下达了讨伐令。内战正式打响。

这场战役没有打多久，不好的消息就传入北美，北美的弗吉尼亚州、北卡罗来纳州、田纳西州、阿肯色州相继退出了联邦，加入了南方联盟军的阵营，这个举动使得南方的力量越来越大。

在南北对战初期，南方的联盟军一直处在上风，而北方的联邦军队则被攻打得节节败退，损失尤为惨重。当前不利的局势并没有令联邦政府丧失志气，身为总统的林肯重新集结军队，在1862年2月，对南方的联盟军发起了新的进攻。这一次，联邦政府的军队有备而来，虽然损失惨重，但也略微占了上风。

在战争之中，士气是决定战争能否胜利的关键因素之一。林肯为了集结到更多的兵力，鼓舞士兵们的士气，他采取了许多措施，譬如颁布的《宅地法》《解放黑人奴隶宣言》等，都大大地提高了人民参战的积极性，尤其是黑人，为了获取军功，战斗时异常凶猛，势不可当。也因此，原本不利于北方联邦政府的战势得到一点点的扭转，变成南部的联盟军节节溃败。

1865年，由林肯任命的总司令格兰特朝南方进军，并占领了南部同盟的首都里士满，南方联盟军见联邦军队势不可当，己方大军已经溃不成军，便知道大势已去。在这年的4月9日，南方联盟军举起了白旗，表示投降，而南部的联盟军统帅罗伯特·李也承认战败。由此，美国的南北战争结束了，以北方的联邦军获胜落下了帷幕。

从表面上来看，美国南北战争伤亡惨重，令美国遭受到了经济上的重创。但实际上，这场战争带来的利益是远远大于弊端的。那么，这场战争为美国带来了哪些益处呢?

首先，这场内战令美国真正走向了统一；其次，北方联邦军队的胜利意味着黑人奴隶制度的废除；最后，南北统一可以令国家的经济一体化，而内战也为美国的资本主义扫除了障碍。可以说，美国后来能成为世界大国，与南北战争息息相关。

戏院中的枪声——林肯之死

亚伯拉罕·林肯是一位杰出的政治家、战略家，是美国的第16任总统。在他任职期间，他打赢了美国的南北战争，废除了黑人奴隶制，为自己树立了很高的威望。时至今日，他依然是美国最受欢迎的总统之一。

令人唏嘘的是，这位总统在其56岁那年遭到了暗杀，死在了戏剧院内。林肯是死于何人之手？凶手杀死林肯的目的又是什么呢？林肯的死亡给美国带来了哪些影响？在了解这些问题之前，先来了解一下这位总统不平凡的一生。

1809年2月12日，美国肯塔基州哈丁县一个贫穷的农户家中传来了一阵新生儿的啼哭声，孩子的父亲为他取名为亚伯拉罕·林肯。

▲ 林肯画像

林肯的家庭太贫穷了，贫穷到无法送他去学校。所以，在别的孩子结伴去学校时，他只能跟在父亲的身后，开垦西部的荒原。不过，林肯并没有放弃学习，只要一有休息的时间和机会，他就会自己学习写字，买不起纸笔，就在沙土上练习，遇到不懂的地方，他会记下来，请教懂的人。

林肯长大后，他不甘心再待在这个贫穷落后的小乡村里，于是收拾好行李，离开家乡，去了大城市谋生。他做过很多工作，譬如水手、土地测量员、邮递员等。不管他从事什么工作，他都认真负责。在与人相处的时候，林肯也耐心而诚恳，所以他非常受欢迎。

林肯一边工作赚钱，一边将赚来的钱投资学习。所以，尽管没有去过学校进行系统的学习，但他依然掌握到了丰富的知识。后来，林肯对政治产生了兴趣，并在1834年当选为伊利诺伊州的议员，这一年他才25岁。过了两年，他又通过了律法考试，成了一名律师。

在当时的美国，黑人奴隶制盛行，街头随处可见黑人被奴役。对于这样的制度，林肯非常反感。这是因为有一回，他看到了一个黑人奴隶被他的奴隶主残酷地对待。所以，他被选为议员后，经常发表抨击黑人奴隶制的演讲。他的演讲非常生动、真诚，引起了共鸣，让他拥有了极高的影响力。

1854年，美国的新党派共和党成立了，这个党派成立的目的之一就是废除黑人奴隶制，林肯毫不犹豫地加入了。1856年，林肯被提名为副总统候选人，在竞选的演讲中，他主张废除奴隶制，主张人人平等和自由。1860年，林肯当选为美国的第16任总统，开始了他的执政生涯。

林肯上台后，立刻废除了黑人奴隶制度，而当时美国南方地区种植园众多，盛行奴隶制，所以林肯的决定威胁到了南方这些奴隶主的利益，他们反对林肯担任总统，并在林肯任职期间发动了数次叛乱。后来，美国南方的数个州叛乱，自立为美利坚联邦，并推选大种植园园主杰弗逊·戴维斯为总统。戴维斯一上台就制定了一部宪法，这部宪法宣布黑人奴隶制永不废除。

随着事态越发严重，美国面临分裂的危机，为了维护国家的统一，林肯决定打响内战。在1861年4月12日，内战爆发了。1862年和1863年，林肯颁布了《宅地法》《解放黑人奴隶宣言》，以此来调动北方人民参战的积极性。林肯的策略很有效，北方军队陆陆续续取得了数场大小战争的胜利，并在1865年4月3日，兵临南方首都里士满。在南方军队举起白旗时，这场战争结束了，北方军队获胜。

战争虽然结束了，但南方种植园园主们依然对林肯怀恨在心，并秘密地策划起暗杀。那是1865年4月14日的晚上，林肯坐在了华盛顿的福特剧院里的贵宾区，看着台上演员们的表演。突然，枪声响起，一枚子弹射中了林肯。

林肯被刺杀而亡的消息引起了全世界的震惊，尤其对美国人来说，他们的心情更加沉重悲痛。林肯出殡的那一日，数百万人涌向街头，只为送这位伟大的总统最后一程。

第十二辑

日本和俄国

俄罗斯帝国的建立

彼得·阿列克谢耶维奇·罗曼诺夫是俄罗斯帝国的皇帝，但人们更愿意称呼他为“彼得一世”“彼得大帝”。彼得大帝的一生颇具传奇色彩，他统一了沙皇俄国，建立了俄罗斯帝国，并为帝国开疆辟土，使俄国成为当时欧洲的大国之一。

1672年6月9日，沙皇阿列克谢一世的第二个妻子纳塔利·纳里希基纳生了个男孩。阿列克谢一世为孩子取名彼得·阿列克谢耶维奇·罗曼诺夫。

在彼得10岁这年，他登基成了新沙皇。但是他的皇位并不稳定，先是他的兄弟伊凡五世与他并列成为沙皇，后来，他同父异母的姐姐索菲亚摄政，令他成为一个没有权力、空有头衔的沙皇。

再后来，彼得被索菲亚赶出了皇宫，他和母亲被送到了莫斯科郊外的一个小村庄。因为年纪小，他会经常和村庄里的孩子们玩游戏，并建立了深厚的友谊。他们最常玩的是军事游戏。彼得会将自己和小伙伴分成两个兵团，他们会在村子里建设军事堡垒，进行作战。

渐渐地，彼得长大了，他年幼时的小伙伴也成为他的近卫军，对他忠心耿耿。索菲亚看到彼得成长得如此出色，不禁慌张起来，她的直觉告诉她，彼得会威胁到她的地位。所以，在1689年8月的一天，她发动了政变，想要杀掉彼得。不过，彼得早已经察觉到了她的计划，并将索菲亚集结的兵力一网打尽。彼得念及索菲亚是自己同父异母的姐姐，并没有对她痛下杀手，而是将她送去了修道院，并让人严加看管。

彼得重新获得了权力，他接手俄国后，去拜访了西欧的一些国家，见识到了西欧的繁华，回到俄国后，他意识到自己的国家是如此贫穷，每个方面都落后西欧数百年。而俄国没有发展起来，是因为错过了文艺复兴和宗教改革的机会。所以，俄国人根本没有意识到科学知识的重要性。

为了令俄国发展起来，重视起科学知识，他带着数百人的大使团前往西欧学习。彼得对造船技术很感兴趣，为此他花费了四个多月的时间学习造船术。为了彻底掌握造船技术，他先是去东印度公司的荷兰船场做木工，又去了英国的皇家造船厂工作。后来，他又在普鲁士学习了枪炮制造技术。

彼得就像一块海绵，不停地学习各种知识。而他带去的大使团们，也学习到了不同的知识。在回俄国之前，彼得高价聘请了许多人才，以求帮助俄国发展。到俄国后，他在全国推行了全方位的改革，令俄国的发展朝西欧国家靠拢。与此同时，他还鼓励商人去西欧做生意，鼓励青年去西欧学习。值得一提的是，彼得对俄国人的穿着和打扮也进行了改革，譬如他引进了西欧国家的服装，提倡贵族们剪掉大胡子，等等。

彼得见俄国正在稳定地发展后，便将目光放到军事上，对军事进行了一系列的改革，譬如他参照西欧的训兵方式，统一了士兵们的穿着；他建立了规模庞大的舰队，训练出一支正规的海陆军；他还督促建造了大炮，研制出杀伤力十足的新式火枪，等等。当然，彼得对俄国的政治体系也进行了改革，选拔了许多有真才实学的官员。

这一系列改革令俄国迅速地发展起来。为了获得更多的资源，开拓国土，彼得踏上了远征的道路，朝着成为彼得大帝的目标而迈进。

彼得在出征前进行了缜密的考量，最终以北方为出海口，所以，他选择进攻的首个目标是瑞典，与瑞典争夺波罗的海。在当时，瑞典不仅经济繁荣，军事力量也很强大。所以，瑞典在当时是北欧最强的国家，也是欧洲的强国之一。

与瑞典对战，对彼得来说，无疑是剑走偏锋。但是彼得没有退缩，他对自己训练出来的军队很有信心。尽管这场战争持续了许多年，但最终彼得还是取得了胜利。通过这场战役，彼得从瑞典的手中夺取了芬兰湾和里加湾沿海一带以及波罗的海出海口。后来，彼得又率兵前往南方，他夺取了亚速堡和巴库，又将亚速海和里海的门户收入了俄罗斯的版图之内。也是从这时起，俄国成了欧洲的又一大强国，而彼得也因为显赫的战绩而被世人称为“彼得大帝”。这

▲ 彼得大帝雕像

之后，他的征途仍在进行。

后来，彼得结束了征途，回到了俄国，在1712年，他以圣彼得堡为首都，俄国也被改为“俄罗斯帝国”。在彼得大帝52岁这年，他因病去世，一代枭雄就此陨落。俄罗斯人为了纪念彼得大帝为俄国做出的贡献，亲切地称呼他为“祖国之父”。

敲响农奴制的丧钟——亚历山大改革

亚历山大二世·尼古拉耶维奇是俄罗斯帝国的皇帝，他被称为俄罗斯近代化的先驱者，因为他在任期间，对俄罗斯的发展做出了卓越的贡献，其中农奴制改革更具有历史性。

在19世纪之前，俄罗斯实行农奴制，国内有90%的人是农奴。到了19世纪初期，随着经济的迅速发展，追求自由的思想也慢慢地觉醒，人们痛恶起农奴制，其中不乏贵族。追求自由的人们迅速地集结到一起，势必要推翻农奴制和沙皇专制。

亚历山大二世即位时，人们追求自由的呼声越发高涨，国内不少地方爆发了小规模的起义。这位新任皇帝意识到，如果不进行农奴制改革，他的统治将会岌岌可危。所以，他必须顺应民心，进行改革。1857年，亚历山大二世开始筹备废除农奴制的改革。在1861年2月，亚历山大二世宣布正式废除农奴制，并签署《废除农奴制》的特别宣言。

这部宣言的内容有：农奴享有自由，有婚姻自由、择业自由、契约自由等权利，同时也可以拥有自己的财产。但农奴与地主间依然存在依附关系，不过地主不能干涉农奴的生活，更不能私下买卖农奴；农奴可以拥有土地，但必须用钱买，且买地的价格是实际价格的两三倍；获得自由的农奴可以加入公社，公社的领导人由农奴选举产生，但必须服从地方行政机构的管理。

这部宣言颁布没多久，亚历山大二世又颁布了关于废除农奴制改革的法律文件。可见，亚历山大二世对这次改革用心良苦。

总体来说，废除农奴制改革还是卓有成效的。首先，农奴确实获得了自由，得到了解放，但考虑到地主的利益，地主土地占有制仍然没有废除；其次，土地仍然是地主的财产，农奴想获得土地，就要先交一部分钱给地主，剩下的钱政府再以债务的形式给地主。即便如此，贵族拥有的土地也远比农奴拥有的土地多得多；最后，虽然农奴制被废除，但农奴的处境并不乐观，因为他们仍然受到地主的剥削和奴役。哪怕是拥有了土地的农奴，在交付赎金的同时，也要交给政府土地税。

这一次改革的过程并不顺利，因为它触及了俄罗斯许多贵族、地主们的利益，并遭到了他们的强烈反对。这些反对者联合起来，反抗改革。面对重重困难，亚历山大二世并没有放弃，而是决心将改革推行到底。

从表面上来看，废除农奴制改革是为了农奴，但实际上，它是一场资产阶级性质的改革，促进了俄国资本主义经济的发展。

从羊到狼——明治维新

19世纪60年代，西方资本主义工业文明的号角传遍了世界，亚洲的日本听到号角后，开启了一场具有资本主义性质的全盘西化与现代化的改革运动。这次改革始于明治年间，所以被称为“明治维新”，这次改革令日本完成了从羊到狼的转变。

现今的日本是一个发达国家，但是在数百年以前，它贫穷而落后，这与其封建制度和闭关自守的政策有关。

天皇是日本的最高统治者，相当于皇帝。然而，在数百年前，天皇的统治并不牢固，出现了许多割据势力。出身于大家族的德川家康勇敢好战，有着出色的军事才能，他被封为大将军后，领兵消灭了各地的割据势力，并在江户设置了幕府。

在当时，幕府是最大的封建地主，拥有国家约四分之一的耕地。幕府还把持着全国的矿山，控制着各个地区的商业活动，可以说，整个国家的经济命脉都被其握在手中。在权力上，幕府也凌驾于天皇，而幕府掌权人德川家康名义上是名将军，但事实上却成了摄政王，架空了天皇的权力，所以当时人们又称呼他为“大君”。

幕府为了加强自己的统治，采取了这样一些措施：

首先，幕府肆意掠夺良田，集结武士，组建属于自己的军队。这些军人的腰间随时随地佩带着长刀，他们拥有杀死平民而不受罚的特权。正是因为这支军队的存在，令很多蠢蠢欲动的势力沉寂下去，也震慑着人民。

其次，幕府给人民划分出了四个等级，分别是“士、农、工、商”。其中，“士”指武士，“农”指农民，“工”指工人，“商”指商人，其中“士”地位最高，而“商”则地位最低。除了四个等级外，还有一类人被称为“非人”，他们没有地位可言，生活极为悲惨。

最后，为了控制人民的思想，遏制人民反抗的情绪，幕府利用了儒家思想；与此同时，幕府实施了闭关锁国的政策，断绝与其他国家的经济往来，严格把控国人的外出。

然而，随着经济的发展，国内出现了大批新兴地主阶级和商业资本家，因为幕府触犯了这些人的利益，所以他们十分厌恶幕府的存在。为了摆脱幕府的封建统治，人们集结在一起，发动了一场又一场的起义。各地起义令幕府苦不堪言，在幕府镇压暴动时，西方列强们悄悄地打开了日本的大门。

1853年，美国海军的舰队驶入了日本海湾，并两次闯入江户湾，幕府派军阻挡，但在美军的炮火威胁下日本政府最后不得不打开港口。这一次入侵，令日本签订了许多不平等条约和关税协定。日本通港后，大量的外货涌入日本，这令日本本土的手工业者的利益受到了重创，而人民也被殖民者们压迫和剥削，生活在水深火热之中。人们意识到，如果不推翻幕府的统治、争取民族的独立，他们的生活将更加悲惨。

讨伐幕府的人民迅速地集结在一起，其中，长州藩的起义军迅速击败了幕府的统治，获取了长州藩的政权。胜利的消息传入萨摩藩后，当地的起义军首领也爆发了推翻当地幕府统治的战争，虽然伤亡惨重，但也获取了胜利，夺得了政权。两股势力迅速合成一股，讨伐各地的幕府势力。

在讨伐幕府期间，起义军的首领们为了调动人民斗争的积极性，他们一方面实施政治和经济上的改革，另一方面向西方国家购买大量的炮火枪支。与此同时，一个有利于起义军的消息传来，那就是压制起义军讨伐幕府的孝明天皇去世了，由不满15岁的明治天皇继位。

在起义军以明治天皇权力被幕府架空的名义讨伐幕府时，私下还联系了明治天皇。明治天皇虽然年纪小，但内心却十分痛恨幕府，他与起义军一拍即合，准备发动宫廷政变，推翻幕府的统治。为此，他还写下一道讨伐幕府的密诏交到了起义军首领的手上。

接到天皇密诏的起义军将士们士气大涨，这份密诏令他们讨伐幕府的起义更加名正言顺。起义军首领们会聚一室，商讨着讨伐幕府的对策。然而，消息不胫而走，当时幕府的掌权人德川庆喜得知了这个消息。德川庆喜是一个有野心但也非常识时务的人，他非常清楚当前的形势对自己没有一点好处，为了避免与起义军发生冲突，他主动辞去了职务，逃离了京城。

1868年1月3日，起义军攻破了皇城，将皇宫内幕府的侍卫一网打尽，而明治天皇也重新获得了大权，建立了新的由他领导的中央政府，起义军的首领也被他封为大官。这个时候，斗争并没有结束，因为德川庆喜逃到大阪后，迅速集结了兵力，并打着“解救天皇、清除奸臣”的口号开始向京城进军。

不过，德川庆喜的进攻并没有让明治天皇感到威胁，因为他下令起义军的首领埋伏在京城附近，并在对自己有利的地形上架起了大炮。只要幕府军队一来，先以大炮开先锋，再以起义军夹击幕府。这场战斗如明治天皇料想的一般，他们将幕府军打得溃不成军，四处逃窜。为了避免德川庆喜再次反击，明治天皇下令追杀幕府军和德川庆喜。

同一时刻，由起义军组成的改革派在国内提出了改革，为了获得农民和商人的支持，他们提出废除“士、农、工、商”四个等级，主张人人平等，并且还减免赋税。改革十分有效，富商们给改革派军队提供了许多军用物资，农民们也纷纷参战，对抗幕府军。

幕府军的兵力越来越弱，德川庆喜知道大势已去后，率领剩余的兵力逃到了江户。明治天皇并没有放弃追击，他的军队将江户包围得水泄不通。德川庆喜知道自己已经穷途末路，于是选择了投降，而他的投降意味着统治日本200多年的德川幕府倾塌了。

明治天皇获得权力后，在1871年，派遣以大臣岩仓具视为首的大使团出访欧美，考察资本主义国家的制度。在看到欧美国家的强盛发达后，明治天皇进行了一系列的改革，譬如积极引进西方科学技术，引进纺织、缫丝等近代设备，并建立了一批以军工、矿山、铁路、航运等为重点的国有企业。同时，招聘国外专家来日本，鼓励学生出国学习。这些正是明治天皇大刀阔斧的维新运动。

明治维新意味着日本蜕变成为资本主义国家，使得日本成为经济、军事强国，但这些改革也有一定的局限性，使得国内保留了大量封建残余。时至今日，日本还保留着许许多多的封建思想。

第十三辑

德国和意大利

铁血宰相——俾斯麦

奥托·爱德华·利奥波德·冯·俾斯麦是德意志帝国的首任宰相，人称“铁血宰相”。因为，正是在俾斯麦的“铁血政策”下，德国才得到了统一，成为世界强国之一。直到现在，俾斯麦在德国人心中仍地位崇高。那么，这位宰相有着怎样传奇的一生呢？

1815年4月1日，普鲁士阳光明媚，在勃兰登堡阿尔特马克区雪恩豪森庄园内，一个婴儿诞生了。婴儿的父亲是一个大贵族，他高兴坏了，想了很久，给孩子取名为俾斯麦。为了告诉大家这个好消息，他还将喜得儿子的消息印在了报纸上。

俾斯麦出生后的第二年，全家迁到了波美拉尼亚的科尼普霍夫庄园。小时候，俾斯麦就是在这个庄园度过的。8岁那年，俾斯麦上学了，他特别喜欢运动，尤其是游泳和击剑，而运动也使得他的体格非常健壮。在俾斯麦上学期间，他就表露出与众不同的一面，首先他的性格强硬，喜欢用武力解决问题；其次他非常擅长隐藏自己的想法，将人玩弄于股掌之中。正是因为这些与众不同，他的未来成就非凡。

俾斯麦出身于军人世家，他的父亲和叔叔都在军队任职，尤其是他的叔叔，是一位军功显赫的将军。不过，他并没有进入军队，而是选择步入政坛，并在33岁这年，成为柏林州的正式议员。

1851年，俾斯麦出任法兰克福邦联会议的普鲁士王国代表，没

▲ 俾斯麦像

多久就被升任大使。1857年，普鲁士国王腓特烈·威廉四世精神失常，由其弟威廉亲王摄政。威廉亲王十分看重俾斯麦，并任命他为驻俄大使。1861年，威廉亲王登基，称为威廉一世。然而登基没多久，威廉一世就与议会发生了冲突。为了与议会相抗衡，这位新任国王册封俾斯麦为内相，但却被俾斯麦拒绝了，他去了法国当驻法大使。直到1862年，才又被任命为首相兼外交大臣。

1862年，俾斯麦在下院进行演讲，他坚定地告诉议会："演讲和多数派决议并不能解决当代的重大问题，只有铁和血才能解决。"从此，俾斯麦被冠上了"铁血宰相"的称号。

1863年，德意志与丹麦、奥地利因领土而产生了纠纷，俾斯麦没有选择洽谈，而是强硬地发动了攻击。为了防止丹麦和奥地利联盟，他决定先攻打丹麦，与奥地利结盟。这场战役，丹麦惨败，纠纷的领土被普鲁士收回。攻打完丹麦后，俾斯麦又将炮火转向奥地利。当时，奥地利兵力强盛，俾斯麦深知这场战争不好打，所以又与意大利结盟。俾斯麦选择意大利是有原因的，因为意大利的威尼斯地区一直深受奥地利的觊觎，而意大利接到结盟邀请后，与之一拍即合。之后，俾斯麦又去了法国，与拿破仑三世签署了一个协议。

之后，俾斯麦对奥地利展开了攻击，他要求奥地利归还纠纷的领土，同时提出改革德意志邦联的法案，以此来排除奥地利对整个德意志的影响。对此，奥地利一口拒绝，并游说了不少德意志小国一起攻打普鲁士。

1866年6月，普鲁士与奥地利之战彻底爆发。俾斯麦抱着必死的决心攻打奥地利，他身上带了毒药，打算一旦战败就服毒自杀。不过，最终普鲁士军获得了胜利。俾斯麦乘胜追击，兵临奥地利都城维也纳。

这场战争的胜利，令普鲁士统一了德国的中部和北部地区，建立了北德意志邦联。这时，整个德意志只有南部邻着法国的几个小国保持独立。俾斯麦想要兼并这几个小国，但与他有同样想法的，还有法国。

俾斯麦非常清楚，如果不打败法国，那么德国将永远不会统一。而法国作为一个强国，并没那么容易被打败，所以在发动战争之前，俾斯麦做了充分的准备，并最终获得了胜利。普鲁士军队攻入了法国巴黎，并在巴黎的凡尔赛宣布，以普鲁士为首的德意志帝国成立，普鲁士的国王威廉一世为德意志的皇帝，俾斯麦则为首相。

德国能够统一，得益于俾斯麦的铁血手段。也正是因为统一，令德国的实力越来越强。

意大利的统一

19世纪初，意大利共有八个邦国，它们被不同的势力所管辖。其中，意大利东北部的伦巴第和威尼斯被奥地利帝国掌控，中部的帕尔马公国、摩迪纳公国和托斯卡纳公国，实际掌权的也是奥地利人，并依附着奥地利，而中部也有部分地区由罗马教皇统治，后来又被法国人夺取了部分统治权，意大利南部的两西西里王国则被西班牙波旁王朝统治着，只有西北部的撒丁王国被意大利人的萨伏伊王朝所统治。

19世纪30年代至40年代，意大利的工业高速发展，资本主义经济高涨。尤其是意大利的北部地区，依靠机器生产的企业越来越多。这个时期，农业资本主义也发展起来，很多地主改变了经营模式，开始雇用工人。这些都使得意大利的经济发展越来越好。然而，意大利的资本主义发展很快遇到了“瓶颈”，因为境外势力的统治令意大利难以形成统一的市场。

意大利人意识到，只有意大利统一起来，经济才会继续发展，国家才能进步。但是，统一是个艰巨的任务，不仅要人心一致，还要消灭一个又一个势力。在拿破仑战争中，意大利人损失惨重，到处都是硝烟，但这场战争也让意大利的封建势力遭受到了沉重的打击。经此一战，意大利人民渴望国家独立和统一的决心更加强烈。这时候，意大利人统治的西北部的撒丁王国成了意大利人的希望，无数资产阶级自由派力量纷纷涌入撒丁王国。而撒丁王国也把握住了时机，进行了一场改革，使得自身的实力强盛起来。

在意大利，势力最大的要数奥地利帝国。尽管撒丁王国强盛起来，但面对兵力强大的奥地利，也没有丁点儿胜算。如何将奥地利驱逐出意大利？撒丁王国最终将视线落在了法国身上，企图依靠法国的帮助来打败奥地利。

1858年7月21日，撒丁王国的首相加富尔秘密约见当时的法国皇帝拿破仑三世，一番商谈后，双方达成了共识。法国愿意给撒丁王国提供帮助，但在将奥地利势力赶出伦巴第和威尼斯后，撒丁王国要将尼斯和萨伏伊地区割让给法国，作为援兵的报偿。

在翌年5月，撒丁王国和法国的兵力集结在一起，对奥地利发起了进攻。在取得数场胜利，意大利革命进入高潮之际，拿破仑三世收回了援兵。因为，拿破仑三世并不是真心想要帮助撒丁王国，他答应援兵一是为了报复奥地利曾经进攻法国，二是为了将法国的势力侵入意大利。

为了谋取更大的利益，拿破仑三世不仅出尔反尔，他还背着撒丁王国与奥地利签订了协议。在这份协议中，法国同意停战，但奥地利必须将伦巴第割让给法国，再由法国转给撒丁王国，而意大利的威尼斯依然被奥地利管辖。对于法国的做法，撒丁王国敢怒不敢言，只有被迫接受，在收回伦巴第的管辖权后，按照之前与法国商谈的协议，将尼斯和萨伏伊割让给了法国。

这次战争的最大受益者无疑是法国，而撒丁王国虽然没有将奥地利势力彻底驱逐出意大利，但好在收回了伦巴第，这为意大利的统一奠定了基础。1860年3月，意大利中部的三个小公国推翻了由奥地利人统治的政权，宣布正式与撒丁王国合并，这使得意大利朝统一的目标又迈进了一步。

与此同时，意大利南部的两西西里人民看到了统一的希望，他们集结在一起，形成了一支支武装力量，进行起义。起义大军中，有一支队伍是由资产阶级民主派组成的“千人志愿军”，因为穿着红衣，被人称为“红衫军”。这支军队在首领加里波第的率领下，经历了许多次大大小小的战争，并且每一战都以胜利而告终，最终占领了两西西里的首都那不勒斯。加里波第打开城门，迎接了当时的撒丁国王维克多·埃曼努埃尔二世。

1861年3月17日，意大利王国正式成立，维克多·埃曼努埃尔二世为意大利的国王。这时候，只有意大利中部由教皇统治的地区和由奥地利管辖的威尼斯还没有统一。意大利王国并没有急着向奥地利出兵，而是在暗中等待契机。很快，机会就来临了。

1866年，普鲁士王国与奥地利爆发了战争，意大利趁机加入了

▲ 今天的意大利

普鲁士的阵营，在两国围攻之下，奥地利节节败退，最终选择了投降，将威尼斯归还给了意大利。1870年，普鲁士王国又与法国爆发了战争，拿破仑三世为了集结兵力，便将驻守在意大利中部的兵力调回了国内。在普法征战时，意大利的军队迅速进入了教皇的管辖地，剥夺了教皇的管辖权。至此，意大利完成了统一大业。

意大利统一后，为了促进各个地区的贸易往来，先是统一了货币和度量衡，后又大规模地修建道路，令意大利的经济蓬勃发展。

然而，统一之后，国内也遗留下了大量问题，譬如封建土地制度的保留，政权依然由大资产阶级和大地主掌控，民法中保留了许多奴役性条款，等等。而这些问题之所以存在，是因为意大利的统一是由资产阶级领导的。在未来的很多年里，意大利都被这些问题所困扰着。

第十四辑

共产主义的发端

伟大的革命导师——马克思

卡尔·马克思是德国著名的思想家、政治家、哲学家、经济学家、革命理论家、历史学家和社会学家，他是马克思主义的创始人之一，是全世界无产阶级和劳动人民的革命导师，精神领袖。

1818年5月5日，德意志邦联普鲁士王国莱茵省特里尔城的一个律师家庭里迎来了一个新生儿，他就是卡尔·马克思。马克思的父亲是一名律师，他的言传身教令马克思从小养成了谨慎的性格、严密的思维逻辑，以及出色的辩论能力和演说能力。

1830年，马克思进入特里尔中学学习。中学毕业后，又进入波恩大学学习。在他18岁那年，又转学去了柏林大学，学习法律、哲学和历史。普鲁士的新国王腓特烈·威廉四世即位后，对崇尚自由民主的人士进行了打压，而崇尚自由主义的马克思也受到波及，差点令他无法毕业，因为他在博士论文中阐述了哲学高于神学的思想，好在耶拿大学给他颁发了学位。

马克思毕业后，进入报社工作，担任《莱茵报》的主编。正是在报社里，他才萌生了革命思想，开启了他的革命生涯。

在19世纪初，德国进行了工业革命，资产阶级变得越来越有钱，而无产阶级的劳动人民仍旧生活在水深火热之中。饥饿使得很多贫民进入森林寻找食物，其中一部分人破坏了猎场和牧场。尽管这些破坏会令破坏者面临拘留，但贫民们却乐此不疲，因为被抓进监狱后能吃饱饭。

在1836年，共有15万人因破坏猎场、森林、牧场而被拘留，面对如此庞大的人数，普鲁士的统治者不得不颁布新的法案，新法案规定采摘野果、捡拾枯枝、私自捕猎等都属于偷盗行为，要予以刑事处罚。对于新法案，马克思极其反对，并写下一篇反对的文章发表在了《莱茵报》上。

▲ 马克思画像

普鲁士政府发现后，立刻查封了《莱茵报》。马克思只好辞去了主编的职务，但他对自己的所作所为一点儿也不感到后悔，也坚定了他与普鲁士政府做斗争的决心。

1843年，他和妻子来到法国。为了宣传和完善自己的理论，他深入工人阶级，将自己的思想理论和工人的实际思想相结合。1844年，他遇到了与他志向相投的恩格斯。恩格斯非常欣赏马克思的主张，他不只出钱赞助马克思的活动与生活，还与他一起投入了解放无产阶级的斗争当中。

马克思和恩格斯一同研究和探索科学的新世界观，并共同写下了《神圣家族》这篇文章，文章批判了唯心主义哲学，否定了神是历史的创造者，强调了历史唯物主义，阐述了人民群众才是历史的创造者。

1845年，马克思因为参加了革命活动，被法国政府驱逐出境，尽管他是那么穷困潦倒，但他的妻子燕妮对他依然不离不弃。后来，马克思带着家人迁居到了比利时的首都布鲁塞尔居住。这期间，他写下了著名的《关于费尔巴哈的提纲》。

此后，越来越多的人加入了马克思和恩格斯的队伍当中，马克思和恩格斯创立了共产主义通讯委员会和德意志工人协会。1847年，马克思加入了共产主义者联盟，并参加了同盟的第二次代表大会。大会结束后，他和恩格斯一起起草了共产主义同盟的纲领——《共产党宣言》。

1848年，欧洲爆发了革命浪潮，马克思和恩格斯回到了德国，与人民一同参加斗争。然而，这一次革命失败了，两人被驱逐出了普鲁士。不过，马克思没有放弃，继续为革命而斗争。后来，马克思还与恩格斯一起出版了不朽巨作《资本论》，这本巨著阐述了马克思主义经济理论——剩余价值理论。这个理论除了向世人揭示资本主义社会的内部矛盾和资本主义社会的经济运行规律，还论证了共产主义一定会获得胜利，资本主义必然走向衰竭的结局。

1871年，巴黎爆发了无产阶级革命，马克思写下了多篇赞扬巴黎无产阶级革命精神的文章，还在他撰写的《法兰西内战》一书中总结出了革命的经验和教训。在此后长达10多年里，马克思依然写着抨击资本主义的文章，并撰写出了《资本论》的第二、第三卷。

1883年3月14日，因为反动政府的迫害，这位伟大的革命导师在自己的屋子里去世了。马克思虽然与世长辞，但他的思想却永存于世，影响着无数人。

马克思的亲密战友——恩格斯

弗里德里希·恩格斯是德国的思想家、哲学家、革命家、教育家，以及军事理论家，他是马克思主义创始人之一，是全世界无产阶级和劳动人民的伟大导师。恩格斯是马克思的同壕战友，有“第二提琴手”之称。在马克思去世后，他成了国际工人运动的领袖，继续发扬共产主义精神。

1820年11月28日，恩格斯出生在德意志莱茵省巴门市。恩格斯的父亲是一位工厂主，带有普鲁士贵族血统，母亲内心善良，喜爱文学与历史。

1837年，恩格斯读中学时，他的父亲中断了他的学业，送他去学习经商。一年后，恩格斯去了不莱梅，在一家商行当办事员。当时，德国掀起了民主革命的浪潮，恩格斯被民主主义的政治思想所吸引，写下了众多批判德国封建专制、宗教迷信的文章，初步体现了他民主主义的思想。

1841年9月至1842年10月，恩格斯进入了柏林炮兵部队服兵役，除了旁听柏林大学的哲学讲座外，还积极地参加青年黑格尔派的活动，但是对唯心主义哲学家谢林宣扬的“天启哲学”持反对态度，并写下了一系列抨击谢林的文章。与此同时，他还写文抨击当时的统治者腓特烈·威廉四世。

1841年，哲学家费尔巴哈的《基督教的本质》一书出版，书中阐述了唯物主义思想。恩格斯读过后，立刻接受了费尔巴哈的唯物主义论，并成为一名坚定的革命民主主义者。

1842年11月，他进入了英国曼彻斯特的纺织厂工作。工作期间，他积极地参加宪章派活动，研究哲学、历史、社会主义理论，而他的思想也从民主主义转向了共产主义。

1844年2月，恩格斯写下了《政治经济学批判大纲》一文，并发表在由马克思主编的《德法年鉴》上，这篇文章揭露了资本主义私有制下的种种矛盾。同年8月，恩格斯准备回德国，但在回去之前，他特地去了一趟巴黎，会见了马克思。两人一见如故，恩格斯非常欣赏马克思的想法，大力支持马克思进行的共产主义活动，两人从此开始了一生的合作。

1846年春天，在这万物复苏的季节，恩格斯和马克思在布鲁塞尔创办了共产主义通讯委员会。同一年的秋天，两人前往巴黎，为

▲ 马克思与恩格斯雕像

争取正义者同盟成员加入共产主义，展开了一场又一场的思想教育活动。

1847年6月，恩格斯出席了在伦敦举行的共产主义同盟第一次代表大会，并以科学社会主义为指导，创立了第一个无产阶级革命政党。同年10月，恩格斯被选入了共产主义同盟巴黎区的委员会，并接受了委员会的委托，起草同盟纲领草案，即《共产主义原理问答》，他以问答的形式阐明了科学共产主义基本原理。

1848年，恩格斯和马克思起草了《共产党宣言》，宣言建立在《共产主义原理》的基础之上。这一年的2月和3月，巴黎、柏林、维也纳等城市相继爆发了资产阶级革命，恩格斯被选为共产主义同盟中央委员会委员，他与马克思在巴黎一同拟定了《共产党在德国的要求》。同年的4月，恩格斯和马克思回到了德国，恩格斯担任《新莱茵报》的编辑，协助马克思整理资料的同时，还去了巴门、莱茵省参加革命活动。而恩格斯和马克思也成为德国统治者的追捕目标。

1849年年初，恩格斯和马克思逃到了比利时和瑞士，他们重组势力，并在瑞士成立了工人协会。同年5月，恩格斯在爱北斐特参加了武装起义，6月任德国巴登普法尔茨维利希志愿军团的副官，并亲赴前线进行战斗。可惜的是，这次起义以失败而告终。

在1851年11月至1852年的11月，恩格斯撰写了《德国的革命与反革命》一文，发表在《纽约每日论坛报》上。这篇文章讲述了德国革命的历程，总结了革命中的经验，最后还提出了“武装起义是一门艺术”的著名言论。

在此后10年，恩格斯为《美国新百科全书》撰写了许多军事条目，也撰写了很多与美国内战相关的文章。1867年，《资本论》第一卷出版后，恩格斯在资产阶级报刊和工人报刊中发表了众多的战争评论，准确地分析战争，预示战争的进程。

1871年，巴黎公社建立，恩格斯和马克思一同组织声援公社的活动，进行了大量演讲。恩格斯在演讲中高度评价了巴黎工人的革命精神，称赞他们勇敢无畏，同时也阐明了公社的历史意义。当年9月，在伦敦举行的国际代表大会上，恩格斯鼓励工人阶级要积极地参加斗争，建立无产阶级政党。

隔年9月，恩格斯和马克思又一同参加了国际海牙大会，这次会议的目的有两个，一个是提议国际总委员会迁去纽约，另一个是击碎以巴枯宁为首的阴谋集团。会议结束后，恩格斯写下了许多抨击巴枯宁阴谋集团的文章，譬如《论权威》《社会主义民主同盟与国际工人协会》等，这些文章指出巴枯宁集团属于无政府主义，揭露了该集团企图分裂第一国际的阴谋。

此后几年，恩格斯一直致力于宣扬共产主义，在1876年至1878年，他写下了一组题为《反杜林论》的文章。这组文章除了批判杜林的唯心主义思想和小资产阶级社会主义，也首次从哲学、政治经济、科学社会主义三个方面阐述了马克思主义思想。此外，文章中还有众多的自然科学基础理论。可以说，《反杜林论》是一部但凡有思想的人都能理解的科学百科全书。

1880年，法国工人党领导人拉法格会见了恩格斯，希望恩格斯可以改编《反杜林论》。恩格斯同意了，他将《反杜林论》改编为更加易懂的《空想社会主义和科学社会主义》。这次改编，令马克思主义基本理论得到了普及。

对恩格斯来说，1883年是令人悲伤的一年，因为他的好友马克思去世了。此后，恩格斯独自扛起了宣扬共产主义精神的大旗。他致力于指导国际工人运动，整理、出版马克思的遗著，着重培养各国年轻的社会主义活动家和理论家，以捍卫、发展马克思主义理论为终身己任。

1895年8月5日，恩格斯在伦敦与世长辞。

震惊世界的宣言

1847年12月29日，在新年来临之前，共产主义者同盟召开了代表大会，地点在英国伦敦。这一次，马克思和恩格斯都出席了会议。而这次大会的主要目的，就是通过新的章程和纲领。

时间回到两个月之前，共产主义者同盟委员曾经起草了一份纲领，即《共产主义信条的象征》，这份纲领经过了激烈的讨论后以问答的形式被起草。恩格斯在看过这份纲领后，发现其中有不少内容带有空想成分，故而恩格斯在这份纲领的基础之上重新起草了一份，即《共产主义原理》，这份纲领也采用了问答的形式。

会议很快通过了新章程，但是纲领却遭到了激烈的讨论。参加这次代表大会的成员们有很多疑问，但马克思和恩格斯都耐心地解释，最终，大家意见一致，通过了纲领。会议结束后，共产主义者同盟委托马克思和恩格斯起草一个行动宣言，号召更多的人加入共产主义同盟。

马克思和恩格斯接受了共产主义者同盟的委托，他们将《共产主义原理》中的基本观点融入宣言当中，最终完成了极具历史意义的《共产党宣言》。1848年2月，《共产党宣言》在伦敦出版发行。

《共产党宣言》是全世界无产阶级斗争的总纲领，同时它也是科学社会主义的第一个纲领性文件，它以无产阶级革命为任务和目标，明确地阐述了共产主义理论，阐明了资产阶级的灭亡和无产阶级胜利的必然性，提出了无产阶级革命策略思想。

《共产党宣言》发表后，又被翻译为各国文字，在全世界传播。在人类历史中，这部宣言意义非凡，它标志着马克思主义的诞生，标志着人类思想上的变革。

第十五辑

“一战”风云

三国同盟和三国协约

19世纪中期，第二次工业革命爆发，诞生了许多新型技术，令各国经济再次高速发展。经济的蓬勃发展也带来了众多的弊端，如欧洲各国垄断资本主义的形成，资本主义国家向帝国主义转变。与此同时，各国经济发展极度不平衡，矛盾与冲突日渐显现。为了寻求利益与发展，这些国家又不得不寻找新的对策。

自19世纪70年代起，德国与俄国、法国的关系越来越疏远，而俄国与法国的关系却越来越缓和。德国担心俄国和法国会结盟对付它，便积极地寻找盟友国，企图拉拢兵力强盛的奥匈帝国。

1879年8月，德国素有“铁血宰相”之称的俾斯麦秘密出访了奥匈帝国。俾斯麦与奥匈帝国的外交大臣安德拉西进行了会谈。俾斯麦向安德拉西表明，他想与奥匈帝国结成反俄同盟。不过，这一次商谈并不顺利，奥匈帝国对俾斯麦开出的条件并不满意。此后，俾斯麦又与奥匈帝国经过了多次交涉，最终于这年的10月7日在维也纳签订了《德奥同盟条约》。

《德奥同盟条约》的主要内容有：德国和奥匈帝国其中有一国遭受到俄国的攻击时，另一国要出兵援助；德国或奥匈帝国遭受到其他国家的攻击时，缔约国要站在中立的位置，如果进攻的国家有俄国势力，缔约国要出兵援助。

德国消除了俄国的威胁后，又将目光落在了宿敌法国身上。为了孤立法国，德国又开始拉拢意大利。

在此之前，意大利与法国关系较为紧张，德国便怂恿意大利与法国争夺北非。1881年，法国整军待发，入侵了突尼斯，而意大利也觊觎突尼斯已久，几经斗争，都以失败而告终，最后意大利主动向德国和奥匈帝国靠拢。

三方在商谈盟约时，多次没有谈拢。直到1882年5月，才商谈出结果，并在维也纳签订了三国“同盟条约”。这之后，三国“同盟条约”又经过了四次的续订。虽然三国同盟抱成一团，但意大利时常游离在同盟外，譬如在第一次世界大战的时候，德国和奥匈帝国被卷入了战争之中，当两国希望意大利中立时，意大利却以参战为威胁，趁机向两国索取利益。后来，协约国方面满足了意大利的要求，意大利便加入了协约国。

1915年5月，意大利向奥匈帝国宣战，这次战争意味着三国同盟关系正式破裂。

到了19世纪80年代后期，德国与俄国之间的矛盾越来越尖锐，俄国与法国之间的关系越来越紧密。1892年8月，俄国与法国签订了一份军事协定。协定内容是：如果德国或德国暗中支持意大利攻打法国，俄国要无条件地动用所有军力支援，并向德国宣战；如果德国或德国暗中支持奥地利攻打俄国，法国要无条件地动用所有军力支援，并向德国宣战。

直到1894年，德国才与俄国正式达成协定，结为同盟国。到了19世纪末20世纪初，德国实力越发强盛，并频繁地与英国产生争执，英国感受到了德国的威胁，且非常清楚自己的实力不敌德国，所以它毅然向俄国和法国靠拢。

1904年4月，英国与法国进行了洽谈，签订了瓜分殖民地的协约。该协约令英国与法国的利益一致，历史遗留下来的矛盾也被解决。之后，英国加强了与俄国的合作，两国领导人进行了洽谈，决定共同对付德国。在1907年8月，英国与俄国签订了瓜分殖民地的协约。这个时候，由英国、法国和俄国三国组成的协约国最终形成。

与德国、奥匈帝国、意大利三国同盟的不同之处是，英国、法国、俄国三国签订的协约没有一项共同条约，法国和俄国需要承担军事义务，英国就不用。

三国同盟和三国协约相同的是，虽然同盟国签订了互助协议，但内部仍然矛盾不断、阴谋不断。两大军事集团为了获得更多的利益，在碰触彼此底线的同时，私下暗暗地在扩充兵力。似乎只等一个导火索，就会爆发世界大战。而最终，第一次世界大战也如期而至。

第一次世界大战的导火索

1914年6月28日，奥匈帝国王储弗兰茨·斐迪南大公与他的王妃索菲亚女公爵前往波斯尼亚边境，观看军事演习。

演习结束后，王储和王妃没有回国，而是去了波斯尼亚首都萨拉热窝进行访问。然而，斐迪南大公和索菲亚女公爵刚到萨拉热窝，就遭到了暗杀。这场暗杀不仅造成了斐迪南和索菲亚的死亡，也导致了第一次世界大战的爆发。

这场暗杀的主使者是谁？为什么又会引起世界大战？源头要从20世纪初开始说起。

在20世纪初期，位于欧洲东南部、巴尔干半岛中部的塞尔维亚推翻了土耳其人的统治，胜利的消息传入波斯尼亚和黑塞哥维那后，两地的斯拉夫人也萌生了推翻奥匈帝国统治的念头，与塞尔维亚合并，建立了统一的南斯拉夫王国。当时的奥匈帝国哈布斯堡王朝察觉到南斯拉夫民族统一运动的发展后，统治者感到极度不安。为此，奥匈帝国王储斐迪南大公和帝国的总参谋长冯·赫岑多夫暗中制订了侵略塞尔维亚的计划。而波斯尼亚边境的军事演习，就是以塞尔维亚为假想敌的。

军事演习定在了6月28日，因为这一天土耳其人征服了塞尔维亚。对塞尔维亚人来说，这是耻辱的一天，而定在这一天的军事演习无疑是挑衅。塞尔维亚人极度愤怒，所以策划了对斐迪南大公的暗杀行动。

当时，塞尔维亚反对奥匈帝国的呼声很高，许多爱国青年为了维护国家，不惜以自己的生命为代价制造了许多暗杀侵略者的恐怖活动。

当时的塞尔维亚政府得知了暗杀斐迪南大公的消息后，立刻表示反对这一行动，因为他们担心会为塞尔维亚招来更大的祸端。面对奥匈帝国的进攻，塞尔维亚宛如鸡蛋碰石头，毫无还手之力。并且，他们孤立无援，找不到援军。

塞尔维亚政府对边防军下令，要紧盯这些爱国青年。当时，边防军内有不少爱国士兵，他们发现后并没有阻拦这些爱国青年，而是将他们放行，使他们顺利地进入了波斯尼亚境内。塞尔维亚政府获知这个消息后，立刻提醒奥匈帝国的政府，告知斐迪南大公有被暗杀的危险。对此，奥匈帝国政府并没有放在心上，他们认为塞尔维亚人不敢这么做。

6月28日，斐迪南夫妇检阅完波斯尼亚边境的军事演习，之后他们乘坐汽车来到了萨拉热窝的大街上。当时，大街上挤满了人，斐迪南大公夫妇对着人民挥手致意，暗杀者察布里诺维奇就埋伏在人群中，他见斐迪南夫妇守卫不严，便觉得这是一个千载难逢的好机会，就拿出准备好的炸弹，朝着斐迪南夫妇的汽车扔去。“砰”的一声，炸弹炸裂了斐迪南夫妇车队中一辆汽车的轮胎，炸弹的碎片击中了随行的总督和几个卫兵，而斐迪南夫妇毫发无伤。

斐迪南夫妇遇袭后，并没有急着回国，而是立刻加强了兵力保证安全。在参加了波斯尼亚市政厅举行的欢迎仪式后，又驱车前往医院，看望受伤的总督和卫兵。令斐迪南夫妇意想不到的是，暗杀者们在首次暗杀失败后，并没有收手，而是又重新制订了暗杀方案。

普利西普早已埋伏在路上，在斐迪南夫妇的车距离他几米远时，他猛然冲了过去，对着车内的斐迪南夫妇开了数枪，成功地暗杀了两人。

奥匈帝国与塞尔维亚的关系本就紧张，斐迪南夫妇的死亡，更是让战争一触即发。这时候，众多帝国主义国家也纷纷摩拳擦掌，企图在战争爆发后获得利益。

在攻打塞尔维亚前，奥匈帝国与法国达成了同盟。其间塞尔维亚政府求和，奥匈帝国在7月23日向塞尔维亚提出了一系列苛刻的条件。塞尔维亚政府深知抵挡不过奥匈帝国，就答应了所有条件。然而，奥匈帝国仍然不满意，他们想要获得更大的利益，所以在几天后，依然对塞尔维亚开战了。

战争爆发后，欧洲帝国主义强国纷纷加入进来，其中德国向法国宣战，法国、英国向德国宣战，奥匈帝国又向俄国宣战。至此，

▲ 今天的塞尔维亚（圣萨瓦大教堂）

第一次世界大战全面爆发。

塞尔维亚人见战争已经发生，他们不再委曲求全，而是拿起了手中武器进行反抗，保卫自己的国家。这次战争令塞尔维亚人死伤无数，损失惨重，但最终还是取得了独立。

凡尔登战役

第一次世界大战的导火索是萨拉热窝事件，但实际上是由帝国主义国家之间不可调和的矛盾造成的。而这次大战以德国战败而告终。

这次世界大战令各国都损失巨大，伤亡惨重，可以说是人类历史发展中的大灾难。而此次大战中，要数凡尔登战役最为惨烈。因为凡尔登战役持续时间最长，死亡人数最多，破坏性最大，所以又有“凡尔登绞肉机”之称。

第一次世界大战爆发后，主战场是在欧洲，以英、法等国家为首的军队在西线与德军对抗，俄军则在东线与奥匈帝国和德国军队对抗。其中，西线对战争的结果起到了决定性作用。在战争爆发的第三年，德国重新制订了作战计划，即对东线进行防御，对西线法军展开猛烈的攻击。

德军统帅决定，以西线的凡尔登为切入点，对法军实施突然袭击。德军选择凡尔登为战略重地是有原因的，因为凡尔登位于法国巴黎的东北方向，距离法国、德国的边境很近，一旦德、法在边境开战，凡尔登辖内的士兵会立刻赶去支援法国，这样的形势对德国极为不利。

为了干扰法国视听，德军没有立刻攻击凡尔登，而是声势浩大地对法国的另一军事要塞香贝尼发动攻击。但暗地里，德军正悄悄逼近凡尔登。

德军的计划很顺利，法军总司令果然上当了。法军认为德军不会进攻凡尔登是有原因的，因为德军曾攻打过凡尔登，但没有攻下，最后转移了战场。法国人认为凡尔登是德军一口吃不下的包子，自信地认为德军不会再攻打凡尔登。殊不知，德军依然垂涎那个美味的包子。

当法军与德军在香贝尼僵持不下时，德军已经在凡尔登布置了长达12千米的战线。这条战线上摆置了上千门大炮，配备了数千个掷雷器，单是兵力就是凡尔登内法军的三倍之多。直到凡尔登战役的号角吹响，法军与英军才后知后觉到德军的目的。

法军统帅立刻率兵支援凡尔登，但远水救不了近火，德军早已将法军的战壕夷为平地。凡尔登即将失守的消息传入了法军总司令部。法军统帅召开了紧急军事会议，最后下令法军总参谋长率兵支援凡尔登，凡尔登绝不能被德军攻占。

法国军队连夜赶去凡尔登，当时的法军将军贝当抵达凡尔登后，准备重新布置凡尔登的防御体系。然而，贝当还没来得及准备，凡尔登前沿阵线就被德军攻占了，紧接着，凡尔登东北部的阵线也被德军攻陷。

在这危急时刻，贝当重新规划出了一条前线，命令士兵一定要抵住德军的进攻。他还下令，逃兵一律处死。接着，他立刻召开了军事会议，探讨出新的作战方案，并等候援军的到来。当时，德军为了防止法军援助凡尔登，他们炸毁了许多公路，只有位于西南的巴勒杜克公路没有被彻底破坏。贝当派兵连夜抢修这条公路，最终顺利地修好，令法国援军和军火物资顺利地抵达了凡尔登。

法国援军的到来令德军的进攻越来越艰难，双方只能僵持着。

德军统帅认为这样僵持下去没有结果，又重新制订了新的作战计划。3月5日，德军对法军展开了大规模的猛烈攻击。两军炮火拼命地发射，但德军无论是在士兵人数上还是在军火数量上，都比不上法军，所以死伤惨重，退回了营地。不过，德军并没有撤退，而是寻找时机再次进攻。然而，经过两个多月的苦战，依然没有攻破法军防线。就这样，德军与法军又经历了三个多月的拉锯战，双方死伤惨重，而德军仅逼近凡尔登几千米。

长久的拉锯战令法军意识到，对德军必须速战速决，否则将会有更大的伤亡与损失。在1916年10月24日这一天，法军主动攻打德军，将被德军占领的战壕和炮台一一夺了回来，而德军被攻打得溃不成军。最终，德军只能撤离凡尔登。

据统计，在凡尔登战役中，参战双方的伤亡人数高达70多万人，士兵们的尸首遍布战场的每个角落。这一次战役，令参战的国家意识到了战争的残酷。

巴黎和会

第一次世界大战以德国战败而落下帷幕。1918年11月11日，参战国签订停战协议。作为战败方的德国，只能被迫接受停战协议中种种苛刻的要求。

停战协议的内容有：德国要向法国、比利时、卢森堡归还在战争中占领的地区，并要求德国军队在15天内撤离占领地；德国需要将莱茵河以西和莱茵河以东30千米的领土交由以英法为首的联军保管，执行期限为一个月；德国军队需要交出武器装备，并上缴300多亿美元的战争赔款。

对第一次世界大战中的战胜国来说，虽然战争获胜了，但也付出了惨痛的代价。而在战争中取得的果实，还需要同战胜的同盟国共同分享。这次分享果实的盛会，就是著名的巴黎和会。会议于1919年1月18日在法国巴黎召开。

据统计，共有27个战胜国参加了巴黎和会。其中，俄国没有受邀，作为战败国的德国等也没有参加。虽然出席这次会议的国家众多，但事实上会议主导者是美国、英国、法国、意大利、日本。这五个国家各有两名代表，所以巴黎和会又有“十巨头会议”之称。

这次会议的主要内容是商谈战后利益的分割，除了分享战后果实外，还商讨了一项政治决议，就是扼杀共产主义苏维埃俄国，维护资本主义。对此，他们决定对苏维埃俄国进行经济封锁。

1919年6月28日，在巴黎和会的最后一天里，全体战胜国在《凡尔赛合约》上签字。不过，作为战胜国的中国却没有签。

在第一次世界大战中，中国的山东胶州湾地区被德国占领，德国战败后，作为战胜国的中国理应拿回被占领的地区，然而，英、法、美三国却将山东半岛的主权，以及该地区的重要资源给了日本。当时中方代表顾维钧为了维护祖国的利益，拒绝签字，并明确地表明要求日本归还中国的领土。

巴黎和会是帝国主义分赃的闹剧，而此次会议不仅没有解决帝国主义国家之间的矛盾，反而还令矛盾加剧，特别是作为战败国的德国，在内心已埋下一颗名为“复仇”的种子。所以，经过20年的休整后，在1939年9月，由希特勒领导的德军掀起了第二次世界大战的序幕。

第十六辑

“二战”档案

美国资本主义最大的经济危机

20世纪30年代，美国工人饿得面黄肌瘦。是美国缺乏食物吗？当然不是，相反，食物多得吃不完。那么，既然食物那么多，人民为什么还吃不饱呢？这是因为美国资本主义遭受了一场空前绝后的经济危机。

当经济危机蔓延到美国时，为了控制国内经济，美国政府人为地销毁了许多产品。一辆辆装着牛奶和肥猪的货车开到了密西西比河旁，货车内的牛奶全被倒入密西西比河内，瞬间将河水染成了白色，而货车里的肥猪也被赶入河中，被河水所吞噬。田野里，棉花已经成熟，白色的棉絮落在果实外，看上去可爱极了，然而，人为的纵火令大片棉花田成了灰烬。

对美国来说，这一年是最为困难的一年。而经济危机向来不分领土和国籍，它很快又蔓延到了英国、法国、荷兰等国。在这些国家的海岸边，同样有大批食物、家禽被倒入河中，田里的农作物被大片地焚烧。

这些国家之所以人为地销毁产品，是因为产品的数量已经大大超出了人类的需求，造成了“生产过剩”的现象，只有将超出的产品销毁，经济才会回归稳定。但事实上，这些国家的产品远远没有超出国民的需求，有很多工人家庭依然食不果腹。

有数据表明，在当时的欧洲，有数十万儿童无书可读，有九成的儿童忍受着饥饿，个个面黄肌瘦。与此同时，有百万工人处在失业状态。

一面是大量的产品被销毁，另一面是挣扎于生存线上的工人阶层，用马克思的话说，这并不是真正的生产过剩，而是一种相对意义上的过剩，这种过剩也是人为制造出来的。

当时，国家的经济掌握在资本家手中。而资本家们为了获取更多的利益，就加大了对物质的生产，这大大地增加了市场产品的供应。然而，工人阶层收入甚微，根本没有多余的钱购买大量的产品，这就造成了生产过剩。小资本家为了回笼资金，唯有降低产品的价格，这又导致产品越来越无利可逐。

对大资本家来说，无疑陷入了经济危机当中。为了追求利益，恢复产品的价格，只好销毁过剩的产品。

这次经济危机始于1929年秋，一直持续到1933年，先是起源于美国，而后向各个资本主义国家蔓延。这次经济危机造成的损失是不可估计的，也正是这些损失，使得德国、日本等国家开始寻找新的市场，为此后的第二次世界大战做好了铺垫。

通往慕尼黑之路

自第一次世界大战结束后，作为战败国的德国，一直在寻找机会复仇、反击。由希特勒领导的德国就像是一头狼，在羊群中寻找弱小落单的羊，并最终盯上了奥地利。在1938年3月，德国轻松地将奥地利收入囊中。之后，希特勒又将目光瞄准了捷克斯洛伐克。

从地图上来看，捷克斯洛伐克处在欧洲的中心位置，这个国家虽然面积不大，但是矿产资源丰富，军事工业发达。希特勒认为，占领了捷克斯洛伐克，就有望征服整个世界。因为，他能以捷克斯洛伐克为跳板，向东进攻苏联，又能向西进攻法国、英国的重要军事要塞。

希特勒是一个好战分子，战争对他来说，并不需要多么冠冕堂皇的理由，不过碍于给全世界一个交代，他以德国境外的日耳曼人受到捷克斯洛伐克人的欺辱为由，将炮火指向了捷克斯洛伐克。

在当时，有数百万的日耳曼人生活在德国和捷克斯洛伐克的边境苏台德区，而苏台德区是捷克斯洛伐克的领土。希特勒对外宣称，这些日耳曼人生活得很不好，经常被捷克斯洛伐克人欺凌、压迫，所以他要伸张正义，帮这些日耳曼人讨回公道。

此后，希特勒一边在捷克斯洛伐克的边境集结兵力，一边指挥苏台德区的日耳曼人到处制造事端。德国决定，在1938年10月1日，正式向捷克斯洛伐克宣战。

面对德国的入侵，捷克斯洛伐克人民没有退缩，而是拿起武器，准备迎战。两国即将开战的硝烟飘向了英国和法国。

英国和法国自然明白德国的意图，但他们因为经济危机的影响，根本不想卷入战争。但在第一次世界大战后，捷克斯洛伐克同法国和英国签有同盟条约，即如果德军向捷克斯洛伐克开战，英、法两国必须向捷克斯洛伐克援军。所以，一旦德国和捷克斯洛伐克开战，英法就必定要参战。

法国总理达拉第致电英国首相张伯伦，让他前往德国与希特勒商谈停战一事。张伯伦给希特勒发了一份加急电报后，便乘坐飞机前往德国。

1938年9月15日，希特勒会见了张伯伦。当时，德国虽然向捷克斯洛伐克宣战，但还没有做好充足的准备，所以德国国防军参谋部想要撤退。此外，德国国防部还担忧，一旦英、法两国援助捷克斯洛伐克，德国必将付出惨重的代价。

对于国防部的担忧，希特勒一点儿也不放在心上，他抓住了英、法两国领导人不想开战的弱点，试图谋取自身的利益。

希特勒知道英、法两国与捷克斯洛伐克签下了同盟国条约，但也深知条约的脆弱。所以，在与张伯伦密谈时，他直接询问英国是否同意割让捷克斯洛伐克的苏台德区给德国。在张伯伦犹豫不决时，希特勒立即表明，苏台德区是德国对西方的最后一次领土要求。

对于希特勒的条件，张伯伦并没有感到意外，并且他在前往德国前，就已经与法国总理商量好了，他们宁愿牺牲捷克斯洛伐克的利益，也不希望自己的国家卷入战争。所以，当即同意了希特勒的条件。

张伯伦回到英国后，立刻召开了内阁会议，会议的主要内容就是说服议员们同意将苏台德区划给德国，议会顺利通过。

对于英、法两国的决定，捷克斯洛伐克政府很不满。然而，捷克斯洛伐克太过弱小，在强国面前不堪一击，最后只能被迫割让领土。

1938年9月29日，德国元首希特勒、意大利首相墨索里尼，以及英国首相张伯伦和法国总理达拉第齐聚慕尼黑。次日凌晨，在没有捷克斯洛伐克代表参加的情况下，四国领导人签订了《慕尼黑协定》。协定的主要内容就是，勒令捷克斯洛伐克从10月1日起，在十日内将苏台德区交给德国。历史上称这次事件为“慕尼黑阴谋”。

英、法两国本以为此次退让能让德国收敛，殊不知，其实这是在助长德国的野心。在1939年3月，德国单方面撕毁了《慕尼黑协定》，侵占了整个捷克斯洛伐克。之后，德国又朝波兰进军，这使得英、法两国不得不参战。

第二次世界大战的钟声即将敲响。

第二次世界大战爆发

对德国来说，1939年是忙碌的一年。这一年，在入侵捷克斯洛伐克取得了胜利后，又马不停蹄地向波兰发起了进攻。在9月1日这一天，德国集结了大量的兵力和军事装备，向波兰正式宣战。英、法两国意识到无法独善其身后，被迫向德国宣战，第二次世界大战彻底爆发。

德国入侵波兰的原因，与入侵捷克斯洛伐克的原因相同。首先，波兰位于欧洲的东部，它的东面临近苏联，西面与德国接壤，南面与捷克斯洛伐克为邻，北面临近波罗的海。对当时的法西斯德国来说，波兰极为重要。希特勒认为，只要占领了波兰，那么他离成为世界最强霸主的目标就又近了一步。

其次，波兰的军事力量强大。在当时的欧洲，波兰的军事力量紧追英、法两国。德国占领了波兰，就能获得波兰境内的军事资源，提升自我的军事力量。对德国来说，只要拿下波兰，不仅可以攻打英、法两国，还可以袭击苏联。

希特勒是个行动派，在向波兰宣战之前，曾屡次要求波兰割让领土。德国不仅要求波兰割让但泽地区和“波兰走廊”，同时还要将“波兰走廊”上的公路、铁路建设权交给德国。对波兰来说，德国的要求无理而苛刻，所以被毫不犹豫地拒绝了。最终，希特勒决定用武力征服波兰。

在进军波兰前，德国进行了战事畅想，他们打算利用装甲兵和航空兵进行突袭，先歼灭波兰维斯瓦河以西的兵力，占领波兰西部和南部，之后进一步入侵波兰中部，最后占领整个波兰。

为了速战速决，希特勒表面打着和平的幌子，暗地里却在筹备大量的武器装备。在面对波兰时，他将波兰的注意力引到波兰走廊和但泽市的领土归属问题上，并向波兰表明自己可以让步；在面对英国时，他又表示不再干涉但泽地区。

入侵波兰的前几天，希特勒又向波兰放了一个烟幕弹。他派遣一艘伪装成训练舰的战舰出访但泽。而在德国国内，他又派遣外交部部长向波兰驻柏林大使表达友好。殊不知，宁静之下暗藏着狂风暴雨。在外交部部长就但泽问题与波兰大使洽谈时，德军早已经集结在波兰边境。为了混淆波兰的视听，一部分德军伪装成了但泽军队的模样。与此同时，德国著名的法西斯组织“黑卫团”也顺利地进入了但泽。

对德军来说，万事俱备，只欠东风。希特勒为了名正言顺地入侵波兰，对外宣称德国的边境遭到了波兰的袭击。并且，这个消息通过广播，传遍了整个世界。在9月1日这天的清晨，德军正式入侵波兰。

值得一提的是，此次德军对波兰采用的是闪电战。所谓闪电战，就是发动快速、猛烈的攻击，速战速决。这种作战法最初是由英国的一位军事理论家提出的，但却没有被英国重视。后来，希特勒对这种战术进行了深入研究，并把它融入作战当中。闪电战令德国军队在战场上无往不利。

德军出动了2000多架轰炸机，对波兰的机场、交通要道、桥梁进行轰炸，以拖延波兰或他国支援的步伐，同时炸掉了波兰的电站，令波兰陷入瘫痪。在轰炸机的掩护下，德军的坦克军快速地击溃了波兰防线。据有关资料记载，德军在波兰，犹如在逛自家的后花园，他们入侵波兰的速度快得惊人。

波兰向英、法两国发出了求救信号，因为波兰曾与法国签订了盟约，一旦德国对波兰开战，英法要进行军事援助。9月3日，英法正式对德宣战。比较微妙的是，英法并没有采取行动。9月16日，德军攻入了波兰首都，波兰战败。

波兰会被德军如此轻易地攻下，一来是德军的军事准备充足，二来是波兰认为英、法两国会伸手援助，所以并没有在战争中全力以赴。德国对波兰的入侵，标志着第二次世界大战彻底爆发。

敦刻尔克大撤退

法国有一个著名的港口城市——敦刻尔克。它之所以出名，是因为第二次世界大战初期英、法两国的军事撤退行动。这次撤退除了规模巨大外，也极具历史意义。

德国在侵占波兰后，经过几个月的休整，于1940年5月10日朝西欧发动了进攻。德国这次准备充足，单是士兵人数就高达300多万人，兵力碾压西欧的每个国家。除非是多个国家的军队联合起来，否则很难抗衡德国。

其实，早在德国攻占波兰时，波兰的同盟国英、法两国就加入了战局，宣布向德国宣战，只不过英、法两国并没有全力支援。德国将波兰收入囊中后，又将目标瞄准了马其诺防线。

马其诺防线是法国在第一次世界大战后，为了防止德军入侵，在法国东北边境地区建造的军事堡垒线。这条防线是法国花费巨资建造的，采用了当时最先进的技术和最好的材料。所以，法国人认为他们的马其诺防线固若金汤，德国军队不可能攻破。正因为轻敌，在与德军对战时，战略保守而死板，只守不攻。不过德军也没有全力进攻，只是挑衅性地发动了数次小规模战争。所以，马其诺防线上德、法两国的战役，被人们戏称为“奇怪的战争”。

希特勒深知，德军想攻破马其诺防线只能打一场持久战，这不符合他闪电战的战术。所以，希特勒留下一小部分兵力驻守在马其诺防线外，然后又带领德军攻打起比利时、荷兰和卢森堡。在希特勒的闪电战战术下，这些小国很快被攻破。之后，希特勒带领德军悄悄绕过了马其诺防线，直接攻入法国腹地，进行了突袭。

在希特勒的闪电战下，法军来不及反击，就已经溃不成军，法国的整个防线皆被攻破。面对势不可当的德军，法国军队选择了投降，成为德军的俘虏。不过，还有数万法军与驻守在法国的英军一起从敦刻尔克渡海逃到了英国。

在西欧，法国可以说是一个强国，但是这个强国也仅仅坚持了半个月，几乎就被德国占领。希特勒没有停下他侵略的步伐，他在察觉到自己先前攻打的比利时、卢森堡和荷兰又重新集结了兵力，并结成同盟军后，将手上的战争之剑又挥向了这些小国。

1940年5月，法国北部的军队，以及在比利时境内的英、法、比、荷组成的联盟，想要越过英吉利海峡，与索姆河南部的法军主力部队会合。希特勒在察觉到几国的意图后，率领德军进入英吉利海峡进行阻挡。

英法联军的武器装备不足，在士兵人数上也差德军一大截，并且战略上也存在问题。所以，多达40万人的英法联军被德军从三面包抄。英法联军面对德军猛烈的攻势，不得不撤退到敦刻尔克。

希特勒没有立即追击英法联军，而是对德军进行调整，调用了轰炸机轰炸敦刻尔克。正是这次调整，给了英法联军足够撤退的机会。

40万英法联军在短时间内撤离敦刻尔克，无疑是一项巨大的工程，而英法政府认为这个大工程根本无法完成。所以，他们当时的计划是撤离3万人。虽然英法政府的想法很悲观，但却没有影响行动力。在短时间内，就动员了很多拥有私人船只的人民来营救军队，而英、法、比、荷各国政府也快速地派出了800多艘大型船。

在德军的空军赶到敦刻尔克后，英国空军一面迎战，一面掩护英法军队撤离。此次大撤退，近34万军人安全撤离至英国。而这些士兵也成了日后反法西斯德国的中坚力量。

列宁格勒保卫战

1703年，彼得大帝从莫斯科迁都到了圣彼得堡。在此后的200多年里，圣彼得堡一直是俄罗斯帝国的首都。后来，圣彼得堡爆发了十月革命，由著名的马克思主义者、无产阶级革命家列宁领导的武装力量对圣彼得堡的冬宫发动了攻击，推翻了临时政府的政权，建立了苏维尔政权。人们为了纪念列宁，便将圣彼得堡改名为“列宁格勒”。对苏联人来说，列宁格勒不只是“欧洲之窗”，也是苏联的第二首都。

由德国领导的法西斯国家联盟，在世界各地展开了入侵之战。当时，苏联是社会主义国家，影响力越来越广。希特勒为了扼杀无产阶级力量，便将作为无产阶级革命摇篮的列宁格勒定为首要侵略目标之一。

为了侵占列宁格勒，希特勒将法西斯联盟国的军队集结在一起，人数有40个师之多。此外，在武器装备上，他准备了6000门大炮和无数枪支弹药，另外还有上千架轰炸机。希特勒为了攻占列宁格勒，特地制订了作战计划和战略。希特勒让北方军队从普鲁士的东部出发，进攻驻守在波罗的海沿岸的苏军。这支军队有22个步兵师、3个装甲师、3个摩托化步兵，足够一举将苏军击溃。之后再与芬兰军队会合，一举攻占列宁格勒。

希特勒相信自己制定的战略会成功，同时他也相信自己的闪电战术。只要战略战术配合得好，一定会将列宁格勒攻占。在还没有攻占列宁格勒前，他就对自己的士兵们大放厥词，声称要在列宁格勒的阿斯托里亚饭店大摆庆功宴。

苏联在得知法西斯轴心国要攻打列宁格勒的消息后，任命作战经验丰富的伏罗希洛夫为元帅，并调遣了大量的兵力前往列宁格勒。当时，苏军在列宁格勒布置的兵力有37个步兵师、9个骑兵师、10个装甲旅。在此之前，苏联还对邻国拉脱维亚援兵，因为德国只有先突破拉脱维亚，才能抵达俄罗斯的边境。

没过多久，德军发动了进攻。在希特勒的闪电战术之下，很快攻占了拉脱维亚的首都里加，突破了俄罗斯的边境防线。紧接着，德军又进攻与列宁格勒相邻的普斯科夫。驻守在普斯科夫的苏军见大势已去，便放弃驻守。这个时候，德军直接攻打到了列宁格勒的城门下。

侵占列宁格勒的作战计划如希特勒预想的那般顺利进行，德军攻打到列宁格勒南面的防线时，芬兰军和北方军也对列宁格勒的北面防线发动了进攻。这个时候，列宁格勒陷入了德国、芬兰两国军队的前后夹击之中。

面对德军和芬兰军的攻势，苏军并没有退缩，而是誓死保卫列宁格勒。苏军元帅伏罗希洛夫动员列宁格勒全民迎战，他争分夺秒地召集居民们围绕列宁格勒构筑了三道防线。战争非常残酷，苏军死亡无数，而法西斯军也伤亡惨重。战争持续了很久，德军依然没有攻破列宁格勒。

希特勒在入侵列宁格勒前，已预估出拿下列宁格勒的日期，但现实却早已逾期。希特勒意识到，打持久战对德军不利，他需要制定新的战略，就是切断通往列宁格勒的各个交通线，让列宁格勒无法获援。

希特勒带领一部分军队转向列宁格勒与莫斯科之间的交通线，并切断了该交通线，之后与芬兰军和北方军团会合。尽管德国兵力大增，但还是无法攻破列宁格勒。于是，德军又兵分南、北两路，南路占领楚多沃，炸毁了列宁格勒与莫斯科的另外一条交通要道——十月铁路。北路攻占距离列宁格勒不远的斯卢茨克—科尔平诺地区。

南路德军在炸毁十月铁路后，又继续前往列宁格勒的又一交通要道，实施了炸毁。就这样，列宁格勒失去了与外界的一切联系，被德军三面包围，只剩下拉多加湖还能通向外界。这样的形势对列宁格勒很不利，而列宁格勒内的苏军和居民们也惶惶不安起来，等待着暴风雨的来临。

1941年9月9日，希特勒率领德军发动了新的进攻。希特勒再次使用闪电战，他下令轰炸机对市内的重要设施进行轰炸，接着对列宁格勒的防线发动猛烈进攻。尽管德军来势凶猛，但列宁格勒的居民和苏军将士们团结一心。他们宁愿死在战场上，也不愿自己的家园被一群入侵者占领。

就这样，列宁格勒又坚守了一个多月，德军在10月中旬依然没有攻下列宁格勒。希特勒转而下令进攻季赫温。因为季赫温也位于拉多加湖附近，通过水路，季赫温可以给列宁格勒送去物资。最初，德军占领了季赫温，但却没有守住一个月，又被苏军重新夺了回去。

1941年的冬天，列宁格勒格外地冷，已经数年没有结冰的拉多加湖结了厚厚的一层冰。对列宁格勒的苏军和居民来说，这是一条生命之路。因为这条路可以将物资运向列宁格勒，也可以增加援兵。

对苏军来说，寒冷的天气是助力，但对德军来说，过冷的天气对他们很不利。因为战事每僵持一天，都在消耗德军的供给，削弱德军的实力。另外，寒冷的天气令德军每天都有人员冻伤，甚至是死亡。这个时候，列宁格勒内的苏军和季赫温的苏军联合起来，主动攻打德军。虽然没有击溃德军，但也消耗了德军的兵力和士气。而由苏联的人民群众掀起的狙击手运动，也令德军苦不堪言。

1943年，苏联军队向德军进行了全面反击，他们先是打破了德军再度封锁列宁格勒的阴谋，后又击溃了沃尔霍夫河岸基里希登陆场的德军。这一年，战争形势对苏军越来越有利。

之后，苏军又发动了数场与南路德军的战役，令南路德军遭到了重创，最终不得不退出列宁格勒防线。之后，苏军又猛烈地攻击北路德军和芬兰军。芬兰军见势不妙，主动退出了战争，北路德军也处在穷途末路之中，随时会溃败。

1944年1月27日，法西斯军队彻底撤离列宁格勒，持续了872天的列宁格勒保卫战终于结束了。因为这场战役令苏军死伤惨重，所以俄罗斯将1月27日定为“俄罗斯军人荣誉日”。

就第二次世界大战局势来说，因为列宁格勒战役牵制住了德军和芬兰军的全部兵力，令法西斯联盟军在战场上的战事越来越不利。同时，列宁格勒战役的胜利也大大地鼓舞了苏联与法西斯军激战的其他战场，以及其他被法西斯联盟入侵的国家。

斯大林格勒保卫战

斯大林格勒就是如今的伏尔加格勒，它位于伏尔加河下游西岸。这是一座重要的港口城市，也是苏联南部的铁路交通枢纽。

在斯大林格勒的西、南方的顿河下游流域，库班河流域，以及高加索地区，有着成片的良田，所产的粮食可以供给苏联大半个国家。同时，这片地区的石油和煤炭产量也高得惊人。

1941年，德国军队侵占了乌克兰。希特勒又将战争之剑挥向了苏联，而斯大林格勒这座城市也是他的侵占目标之一。

1941年6月22日，希特勒针对苏联实施了“巴巴罗萨计划”，在撕毁《苏德互不侵犯条约》后，率领德军全面入侵苏联。由此，苏联与德国之间的战争彻底爆发。

在苏联与德国战争的初期，双方的战争模式主要是德国攻城，苏联守城。在1942年冬季，天气异常寒冷，苏军认为时机已经来临，所以不再死守城门，而是选择主动攻击。苏军这次主动出击的目的是破除德军切断莫斯科、列宁格勒和高加索的交通要道的阴谋。在这场战役中，德军战败，放弃了计划，进行撤退。不过，德军没有放弃全面入侵苏联的计划，而是保存兵力。

1942年4月，希特勒重新发动了攻势，进攻斯大林格勒。希特勒为了拿下斯大林格勒，特地制订了一系列军事计划，即在占领斯大林格勒后，立即切断苏联北部与南部衔接的交通要道，之后攻占高加索、莫斯科。

对希特勒而言，这个军事计划的风险很大，失败在意料之中。可现实是，他没有那么多的时间耗费在对付苏军上，因为他还要对付英军和美军，完成对中东地区的侵略。也正是因此，他才会做出这样一个草率的决定。

1942年7月，德军抵进顿河下游，威逼伏尔加河和高加索地区。苏联察觉到德军的意图后，对斯大林格勒进行了军事部署。7月17日，斯大林格勒战役正式打响。

这场战役的初期，苏军和德军主要争夺重要的防御地带。苏联在屡失几个防御地带后，将苏军撤退到了顿河的东岸，为斯大林格勒设置了一道抵御德军入侵的防线。8月19日，希特勒将德军兵分两路，分别攻打斯大林格勒的西面和东南面。这场战役，希特勒也采用了闪电战术，他派遣轰炸机对斯大林格勒内的重要设施进行了数千次轰炸，放眼望去，到处都是火光烟雾。

与此同时，希特勒企图从北面攻打斯大林格勒，所以他又分出一部分兵力逼近斯大林格勒以北的伏尔加河河畔。战役持续到了9月12日，德军节节败退，导致最后从北面入侵斯大林格勒的计划失败了。

希特勒又将希望寄托在位于斯大林格勒西面和西南面的德军。苏军和德军展开了猛烈的战斗，这一次，苏联前线失守，德军攻入了斯大林格勒的市区，占领了斯大林格勒的第一火车站。不过，苏军没有撤离斯大林格勒，依然在顽强地抵抗。

9月27日，德军展开了第二次进攻，这一次进攻的目的是争夺城内的十月村。苏军与德军展开了殊死搏斗，城内的广场、街道都成了战场。之后，苏军节节败退到城市的北面，令北面成了主战场。

11月11日，德军已经占领了斯大林格勒市的六个区，仅仅剩下一个区还未被占领。德军集结完兵力后，发动了最后一次进攻。苏军誓死坚守，没能让德军的入侵得逞。而这个时候，德军的兵力和武器装备也消耗殆尽，最后只能转攻为守。

这一次战役，令苏军看到了胜利的希望。苏军集结兵力，对德军展开猛烈反击，曾经失守的土地被一个个夺回。后来，苏军攻破了德军的防线，将德军打得溃不成军。

面对苏军的猛烈攻势，德军想要撤离，但希特勒下令，德军要死守阵地，并打算派兵支援。然而，还没等来支援，德军在斯大林格勒南部与北部的军力就已经被消灭了。

1943年2月2日，德军举起了白旗，选择投降，历时200多天的斯大林格勒保卫战终于落下了帷幕。

这场战役令德军损失惨重，至少失去了四分之一的兵力。在胜利的喜悦中，苏军乘胜追击，一点点地收回丢失的土地，并攻入了德国本土。

可见，斯大林保卫战的胜利，不仅是苏联与德国之间战争的转折点，也是第二次世界大战的重要转折点。

日本偷袭珍珠港

1941年12月7日的清晨，天空中一架架轰炸机正悄悄逼近夏威夷，一艘艘微型潜水艇也埋伏在夏威夷海域内。当指挥官下达作战命令后，轰炸机和微型潜艇对夏威夷展开了猛烈的袭击。

夏威夷除了有美丽的风景外，还有由美军建立在夏威夷的基地——珍珠港、瓦胡岛飞机场，以及驻守在夏威夷的美国海军太平洋舰队。这场偷袭是日本策划实施的，此次事件也被称为“珍珠港事件”。这次事件，导致美国卷入了第二次世界大战，太平洋战争由此爆发。

那么，日本为什么会偷袭珍珠港呢?

在第二次世界大战中，日本加入了法西斯阵营，并与德国、意大利签订了《德意日三国同盟条约》，条约中有一条内容是，三国中任意一国受到他国进攻时，同盟国要无条件地出兵援助。这份同盟条约对日本来说，无疑是一支强心剂。为了进行扩张和掠夺更多的资源，日本决定实施南下战略，而南下最大的拦路虎，就是夏威夷珍珠港。

珍珠港是美国海军在太平洋上的主要基地，也是海上的交通要道。因为它的战略地位非常重要，所以又有“太平洋心脏”之称。日本想要南下，就要经过这条要道。所以，珍珠港基地和驻扎在这里的美军就成了日本的心腹大患。此外，当时美国海军向珍珠港增加了大量兵力，而夏威夷岛距离日本并不远，日本唯恐美军袭击，便先下手为强，发动了突袭。

日本海军上将山本五十六认为，只要用轰炸机炸毁美国在太平洋上的舰队和飞机，就能使其无法参战。而日本也能趁机掌控这条交通要道，顺利南下。袭击珍珠港的计划通过后，日本天皇命令山本五十六执行袭击任务。

1941年11月26日，一架架轰炸机停在了日本的特遣军舰上，当最后一架轰炸机停好后，日本海军上将山本五十六率领舰队秘密地离开了日本。此次航行耗时12天，全程隐蔽。舰队在到达距离夏威夷群岛瓦胡岛230英里[1]处时，山本五十六下令停航，以免暴露。

在日本袭击珍珠港前，日本政府为了吸引美国的注意力，特地派遣了大使去美国华盛顿进行谈判，以解决两国的矛盾。日本对美国宣称，两国没有发动战争的理由。但实际上，日本对美国阳奉阴违，已经决定突袭美国的珍珠港了。

在山本五十六的指挥下，一架架日本战机飞离舰队，朝珍珠港而去。同时，微型潜艇也开始逼近珍珠港。当日本战机飞到珍珠港上空时，山本五十六一声令下，战机的炮弹不停地射向珍珠港。片刻间，珍珠港上尽是火焰和烟雾。

直到日本击毁了众多军事设备，美国海军才后知后觉被袭击了。在毫无准备之下，美军根本没有还击之力。

当时，日本战机中的飞行员向远在百里之外的山本五十六发去了偷袭成功的信号：虎！虎！虎！山本五十六收到这个信号后，立刻下令日本战机进行第二轮攻击。同时，水下微型潜艇也再次发动了

1　1英里≈1.6千米。

攻击。

这场战争的时间很短，只有1小时50分钟，但是却给美国带来了巨大的损失。其中，多艘军舰、近200架战机被击毁，机场、堡垒等设施也都被炸毁，另外还有数千名美国士兵死在了这次偷袭中。

这场战役，日本损失极少，受益却很大。作为指挥的山本五十六，他本人和这场战役都名震海内外。

珍珠港被突袭的消息很快传到了美国，令美国政府十分愤怒，并立即对外表明了对日本的态度。当时的总统罗斯福表示，1941年12月7日这一天，既是美国的耻辱日，也是美国的悲伤日。“耻辱”是指日本的偷袭令美军惨败，而“悲伤”是因为突袭造成了数千名美军的死亡。罗斯福表示，美国将向日本复仇，将向日本宣战。

美国加入“二战”对抗法西斯同盟的决定，对英国来说是件非常值得高兴的事儿，但对德国来说，并不是一件好事。也正是因为美军的加入，令“二战”的局势有了新的变化，令希特勒争霸世界的美梦落空了。

国际反法西斯联盟

在第一次世界大战中，德国作为战败方，损失惨重。但它就像一只受伤的狼，时刻等待着机会反扑。在经济危机蔓延欧洲、席卷全球时，德国意识到，反扑的机会来临了。德国迅速地与意大利、日本结成了法西斯同盟。

法西斯在全球范围内点燃了战火，实施侵略，令被侵略国家的人民苦不堪言，对法西斯，他们心中只有愤怒和痛恨。眼看法西斯点燃的战火越来越肆无忌惮，反法西斯的国家渐渐汇聚在一起，在经过多次的会谈后，以美、英、苏、中为首的反法西斯国家加强了互助与合作。

当第二次世界大战爆发后，美国宣布了中立，因为在1935—1937年美国颁布了三个中立法。事实上，美国选择中立，一来是不想卷入战争，二来是想在战后获得利益。在1939年11月，美国修改了中立法，即可以向交战国出售武器。

这一年，在法西斯的进攻下，法国战败，而英国也退守到英伦三岛。美国人民一直关注战争，看到英法节节败退，法西斯步步紧逼，美国人民呼吁要给予英国援助。

1941年3月11日，美国政府响应了公众的呼吁，美国国会通过《租借法案》，授权总统以出售、转让、交换或租借的方式向与美国交好的反法西斯国家提供武器装备和军用物资。美国这么做，意味着已经违背了中立法，在法西斯国家眼中，美国已经加入了战争，并且是站在了对立面。

同年的6月，希特勒在接连入侵数个国家，且都取得胜利的成果后，便率领德军对苏联展开了进攻，他坚信自己的闪电战术能为自己带来胜利。

英国在获知苏联被纳粹德军入侵的消息后，对外宣布要给予苏联援助。美国总统罗斯福亦对外宣布，凡是被法西斯入侵的国家，都可以得到美国在武器装备上的援助，苏联也包含在内。所以，美国派遣装有武器物资的船队前往苏联。

1941年10月，苏联与英、美两国在莫斯科签订了协议书，即美国和英国向苏联提供武器装备，苏联向英、美两国提供原料。之后，美国还给苏联提供了高达10亿美元的贷款，支持苏联全力对抗纳粹德国。

1941年12月7日，日本为了南下入侵的计划，偷袭了美军在夏威夷建立的基地珍珠港。此次袭击令美国不仅损失惨重，而且也面上无光，在被偷袭的第二天，美国就对外宣布与日本处于战争状态，而在同一天，英国也向日本宣战。紧跟着，中国向德、意、日等法西斯国家宣战，加拿大、意大利等20多个国家，也相继向日本宣战。

随着越来越多的国家加入反法西斯阵营，意味着各国已经意识到，法西斯国家是造成战争的根源，必须除去法西斯国家，世界才能恢复安宁。所以，反法西斯国家集结在一起，组成了反法西斯大联盟。

1941年12月22日，美英提议，反法西斯大联盟就共同作战对抗法西斯签署同盟宣言。得到联盟国的认同后，美国提出了草案，后经英苏修改，发给了各个同盟国。

1842年1月，苏、中、英、美等26个国家齐聚美国华盛顿，正式签署了《联合国家宣言》。宣言签署后，反法西斯大联盟正式成立。到“二战”结束时，加入反法西斯阵营的国家已经有52个。

反法西斯联盟在历史中极具意义，因为联盟国的国家有着不同的社会制度和意识形态，但在面对共同的敌人时，每个国家都放下了对立与争执，这在人类历史上是史无前例的。

诺曼底登陆

诺曼底登陆，又称“霸王行动”，是第二次世界大战中反法西斯联盟军在欧洲西线对法西斯联军发起的一场大规模战役。据统计，有近300万盟军渡过英吉利海峡，登陆法国诺曼底。此次战役，是目前为止世界上最大的一次海上登陆作战。也正是这次战役，令第二次世界大战的局势产生了根本性变化。

1941年9月，苏联向英国提议，在欧洲开辟第二战场，以达到对德国实施战略夹击的目的。不过，当时英国没有能力组织大规模的登陆，对于苏联的提议，他们选择了忽视。

1942年6月，美国加入了反法西斯阵营，与英国达成了在欧洲开辟第二战场的共识。不过，此计划并没有落实，一直推迟到1943年上半年。在这期间，苏联与德国的战事非常紧张，且很不乐观，苏联多次强烈要求同英、美等同盟国在欧洲开辟第二战场，以分散德军的军力。英军只好仓促地派遣一支约6000人组成的突击部队在法国的第厄普登陆。结果，这支突击队几乎全军覆没。

此后，开辟西欧第二战场的计划又陆续被提出，直到在1943年11月召开的德黑兰会议上，美、英、苏才真正地做出决定，在欧洲开辟第二战场。

这次行动被称为“霸王行动”，美国的艾森豪威尔将军担任盟军总司令，他将带领近300万人的反法西斯盟军横跨英吉利海峡，登陆法国诺曼底，开辟欧洲第二战场。在登陆后，与东线的苏军配合，对德军展开战略夹击。

在登陆诺曼底前，盟军拟订了登陆计划，即登陆时间在1944年6月，登陆士兵达300万人，加上后勤支援，总登陆人数达600万人。

对反法西斯同盟军来说，想要打赢德军，登陆诺曼底后，还需要布置防线，建立军事堡垒。对他们来说，这并不难，因为同盟有着强大的军事工业体系，后备兵也充足。真正困难的是，需要有足够的时间去布置和建设。

为了争取到足够的时间，同盟军制订了“卫士”计划，这个计划的目的有两个，首先就是诱骗希特勒将兵力分散在挪威至地中海；其次就是破坏德军的通信、情报等系统，令德军迟于同盟军登陆。

在“卫士”计划实施中，德军果然上当。其间，希特勒虽然察觉到反法西斯联盟军有些古怪，但他最信任的情报机构给他的答案却是一切正常。为了确保万一，希特勒带着将领特地巡视了法国的整个海岸线。他能猜测到反法西斯盟军会在诺曼底登陆，但他没想到会在6月5日登陆，因为这个日期前后几天的天气都不好，甚至可以说很糟糕，完全不适合登陆。

另一边，反法西斯同盟军集合完毕，同盟军总司令艾森豪威尔也写好了承担登陆失败后果的军令状。在6月5日这一天，同盟军们陆续登陆诺曼底。希特勒和他的将领们在获知这个消息后，并没有把它放在心上，因为他们认为这只是一场声东击西的佯攻。所以，希特勒并没有派兵阻挡。

直到登陆的士兵越来越多，军事堡垒一座座建起来时，希特勒才知道自己大错特错。然而，他已经来不及调遣德军加强防御准备作战了。所以，诺曼底战役，德军注定会失败。

德黑兰会议

1943年11月28日，苏联、美国、英国三国首脑齐聚伊朗首都德黑兰，召开了一次会议。会议的主要议题有开辟第二战场、同盟军如何配合与德军作战，等等。正是这次会议，给反法西斯同盟军带来了希望的彩虹，此次会议被称为“德黑兰会议”。

日本偷袭美军在夏威夷珍珠港的军事基地后，美军一改中立的态度，加入了反法西斯阵营。1941年1月1日，26个国家发表《联合国家宣言》，表明共同对抗法西斯国家。

在斯大林格勒战役中，苏联以惨重的代价获得了胜利。胜利过后，苏联领导人意识到同盟国之间如何共同作战、协调行动是个十分重要的问题。

1943年7月，当时的美国总统罗斯福建议苏联领导人斯大林组织两国会晤，英国首相丘吉尔得到消息后，建议斯大林将两国会晤改为三国会晤。斯大林将地点定在了俄罗斯的阿斯特拉罕或阿尔汉格尔斯克。不过，美、英两国首脑对地点不满意，建议将会晤地点定在阿拉斯加的费尔班克斯。对此，斯大林表示了拒绝，因为当时苏联与德国的战役正打到了关键时期，作为国家领导人，他必须时刻关注战场形势，不能去很远的地方。

就这样，三国会晤的时间一拖再拖，地点一改再改。最终，会晤时间定在了11月28日，地点则在距离俄罗斯不远的伊朗首都德黑兰。

会议在28日的下午才正式开始，由美国总统罗斯福主持。会议刚开始，罗斯福强调了共同作战的重要性。丘吉尔和斯大林也表明了对战德国法西斯的决定。不过，这样和谐的氛围并没有维持多久，在谈到具体问题的时候，三国领导人就产生了分歧。首先是为开辟欧洲第二战场的问题而争执。

当时，德军正在入侵苏联，德军的主要兵力也在苏联。斯大林希望在欧洲开辟第二战场，分散在苏联的德军兵力，这样苏联就能快速地打败德军。为此，还提到了“霸王”计划，即诺曼底登陆。美国、英国对此提议早先是认同的，但在会议上，又有了不同的看法。

英国首相丘吉尔提出了他的“地中海战略”，他主张英国和美国集结兵力攻打法西斯国家意大利，之后再进军巴尔干。对于丘吉尔的主张，斯大林一口反驳了。他认为在地中海发动战役并不能彻底地打败德军，因为巴尔干距离德国很远。

丘吉尔没有放弃自己的战略，他在之后又提出了两条战略路线，但都是想把巴尔干作为主战场。丘吉尔这么做是因为他不希望苏军进入奥地利、罗马尼亚、匈牙利这些中欧国家。

尽管美国总统罗斯福明白丘吉尔的意图，但他却持反对意见。因为，选择在地中海登陆作战，会拖延作战时间，这意味着要花费更多的资源，他更倾向于速战速决。

在这场争执中，苏联与美国站在一边，丘吉尔只好暂时妥协。因此，美国、英国最终执行“霸王计划”。斯大林在会议中表示，在美、英两军对德国发动攻势时，他会组织苏军从东线调遣兵力去支援。在结束国内战争后，他会主动向日本宣战。

然后争执的是如何处理战后的德国。三国最想考虑的是，实施哪些措施才能令德国不再发动新的战争。罗斯福建议将德国分为五个自治邦，以削弱德国的整体实力，丘吉尔则提议将德国分为两个部分。斯大林表示，为了防止德国有再战能力，先要严惩战犯，而后要控制法西斯国家在边境的军事要塞。

对于被法西斯入侵的波兰，三国也进行了讨论，最终一致认为要建立一个独立而强大的波兰，并初步讨论了波兰边境的变更。

此次会议结束后，丘吉尔并没有放弃他的地中海战略，并寻找盟国支持他。所以后来又在开罗召开了第二次会议。

德黑兰会议期间，苏联、美国、英国签署了《德黑兰宣言》。三国领导人在协议上签完字后，互相握手。这一次握手，代表了同盟国家要团结互助，共同击败法西斯。

会后，罗斯福在宴会上说："彩虹之所以美丽，是因为它有着不同的颜色。我们的国家虽然信仰不同、文化不同、生活习惯不同、制度不同……但德黑兰会议却让我们汇聚在一起，成为一个

▲ 罗斯福与丘吉尔雕像

美好的整体。这次会议，会令全世界人们看到那条名叫‘希望’的彩虹。”

正是因为罗斯福的这番彩虹理论，也让德黑兰会议被誉为“带来希望的彩虹”。

雅尔塔会议

1944年年底，持续了数年的第二次世界大战渐渐接近了尾声。在众多反法西斯联盟军队的围攻下，德国、日本、意大利法西斯离宣布战败为期不远。反法西斯联盟一面对法西斯国家作战，一面思索着战后需要处理的问题，其中最为重要的一个问题是，如何处置战败后的德国。

1945年年初，德国军队被打回了本土。但在亚洲和太平洋的战场上，日本法西斯仍然负隅顽抗，令美军损失惨重。这个时候，美国想以最快的速度结束战争。

1945年2月，各国在苏联的克里米亚半岛南岸疗养胜地雅尔塔举行了一次会议。这次的“雅尔塔会议”又被称为“克里米亚会议”。

其实，在召开此次会议前，几国首脑曾为会议地点而争论不休。美国希望会议地点距离美国近一点，因为当时的美国总统罗斯福腿脚不便；丘吉尔希望在地中海召开会议；斯大林希望会议地点在苏联，他需要待在国内观察形势的变化。因为此次会议的目的之一是希望苏联对日本作战，所以美、英两国才在会议地点上向苏联妥协，将地点定在了雅尔塔。

在2月3日这一天，美国总统罗斯福和英国首相丘吉尔带领各国的外交长官、参谋长等大臣，来到了苏联的雅尔塔，并在4日正式召开会议。此次会议的参与人员有苏联领导人斯大林、美国总统罗斯福、英国首相丘吉尔，以及三国的外交部长、参谋长、顾问。

此次会议持续了八天之久，主要对以下这些问题进行了商讨：

第一，如何处置战败后的德国。

第二，商讨波兰边境问题。

第三，如何对日本作战。

第四，商讨联合国问题。美国、英国、法国、苏联以及中国为联合国的创始会员国，其中每个国家在实际性问题上都拥有一票否决权。

这次的商讨很顺利，三国领导人在对日作战上达成了共识，签下了协议。协议中写明苏联同意与日本作战的条件，主要有以下几点：

第一，必须维持外蒙古（蒙古人民共和国）现状。

第二，苏联和中国共同经营中东铁路和南满铁路，但苏联的权益比中国优先，而中国可以保持的主权为伪满时期的所有主权；大连商港必须国际化，苏联在大连商港享有优越权。

第三，千岛群岛归苏联所有；库页岛南部及其附近的所有岛屿也必须归还给苏联。

除此之外，雅尔塔会议还讨论了希腊、南斯拉夫、意大利等欧洲国家的相关问题。

雅尔塔会议期间，参会国签署了多个文件，譬如《雅尔塔协定》《被解放的欧洲宣言》《克里米亚宣言》等。这次会议令三国联盟的关系更为牢固，在对法西斯国家的作战问题上更加团结、互助。同时，也为联合国的建立奠定了基础。但对中国来说，雅尔塔会议却违背了世界各国平等合作、尊重主权完整的原则，它侵犯了中国的主权与利益。

波茨坦会议

1945年7月17日至8月2日，美国、英国、苏联三国首脑在德国柏林波茨坦进行了战时第三次会晤。这次会晤的目的是商讨如何处置战败国德国、解决欧洲战后的问题。而此次会议，史称“波茨坦会议”，又称“柏林会议”。

雅尔塔会议后，战场形势有了新的变化。5月8日，德国统帅见大势已去，选择了投降，并在德国首都柏林近郊的卡尔斯霍斯特签署了投降书，这意味着反法西斯联盟军在欧洲战场上的战争正式结束了。

与此同时，美国与日本在太平洋上的战事，以及同盟军与日本在亚洲的战事，也有了好的进展。在各国协作猛攻之下，日本法西斯节节败退，只要苏军早日对日作战，取得胜利的曙光就在眼前。

随着战争的尾声越来越近，美国、英国、苏联决定在德国柏林近郊波茨坦进行第三次会晤。

参加波茨坦会议的人员有苏联首脑斯大林、英国首相丘吉尔，以及美国总统杜鲁门。值得一提的是，美国前任总统罗斯福因病在同年4月去世了，而杜鲁门是新上任的总统，此次会议是他第一次代表美国参加。在会议期间，英国首相丘吉尔要参加国内的大选，中途回了英国，不过他竞选失败了，会议的后几天是由英国新任首相艾德礼代表英国出席的。

波茨坦会议与雅尔塔会议的内容大致相同，争论的依旧是些老生常谈的问题。

第一个问题是，如何处置战败国德国。会议上，三国领导人探讨了占领德国的基本原则，一致同意解除德国的全部武装力量，摧毁德国境内所有的军工产业，铲除所有纳粹，以及惩办战犯。

在战争赔款上，原先苏联要求德国赔偿200亿美元，其中50%归苏联所有。但在此次会中，对战争赔款分配问题有了新争论。苏联见提出的200亿美元赔款无法实现，便退了一步，坚持获得德国赔款总额的一半。

在赔款上，美国有不同的提议，美国建议三国可以在占领的德国领土上各自索取赔偿。苏联在与德国作战中，损失极为惨重，国民财富总额仅为德国总额的42%，遂要求在德国西区获得相当大的赔偿；美国和英国除了获取德国赔偿外，也有权获取其他国家的赔偿。

最终协议的结果是，苏联除了能获得德国东战区的赔偿外，还能在德国西战区获得一定的赔偿。此外，苏联还能获得德国在罗马尼亚、匈牙利置办的资产，不过赔偿波兰的份额要由苏联支付。

第二个问题商讨的是波兰。三国政府承认波兰组建的临时政府。在划分波兰边界时，三国产生了分歧，斯大林坚持认定波兰西部的边界应该延伸到德国的尼斯河，但美国与英国强烈反对，因为这会使德国失去大片土地，威胁到德国人的生存。在会议结束后，暂时确认波兰的边界延伸至西尼斯河和奥德河。最终决议，等在和平会议上解决。

第三个问题是商讨对日本作战。在会议期间，曾发表《波茨坦公告》，此次公告宣布了美、英、中三国政府对日协作作战，并强烈要求日本主动投降，解除武装力量。后来，苏联加入了对日作战阵营，宣布加入《波茨坦公告》。

1945年8月2日，会议结束前，美、英、苏三国首脑签署了《波茨坦协定》，这份协定有两个文件，分别是《柏林（波茨坦）会议公报》和《苏美英三国的柏林（波茨坦）会议议定书》。

波茨坦会议是“二战”期间，三大国首脑召开时间最长的一次会议，也是最后一次会议。这次会议对战胜法西斯国家起了决定性作用。与此同时，在会议上，美国、英国、苏联三国的矛盾越来越多，这意味着三国关系正逐渐恶化，令世界格局悄悄地发生着新的变化。

“沙漠之鼠”与“沙漠之狐”

第二次世界大战爆发后，世界各地弥漫着战火硝烟，非洲这片炽热的土地也被战火所笼罩。当德国的军队入侵非洲时，英国前来支援，与德军展开了激烈的战斗。此次战役中，英国军队由有着“沙漠之鼠”之称的名将蒙哥马利率领，德军则由有着“沙漠之狐”之称的名将隆美尔率领。

蒙哥马利和隆美尔都是军事天才，一生战功无数。当“沙漠之鼠”对上“沙漠之狐”，究竟谁更胜一筹呢？

第一次世界大战爆发时，隆美尔仅仅是一名步兵排长。这次战争中，隆美尔获得了四次军功，展现出了优秀的军事才能。战争结束后，隆美尔根据自己的战斗经验和心得，写下了《步兵攻击》一书。这本书被德军统帅希特勒看过后，不禁对他欣赏不已，也由此开启了隆美尔的晋升之路。

第二次世界大战爆发后，隆美尔在最高统帅部任职，在入侵波兰的战争中，隆美尔表现英勇，屡立奇功，希特勒便任命他为装甲师师长。这支装甲师在隆美尔的率领下，在战场上无往而不利，令对战军闻风丧胆，而隆美尔也成了德国的“战神”。

此后，希特勒任命隆美尔为“德国非洲军”的军长，派遣他到非洲战场。隆美尔抵达非洲后，展开了主动攻击的攻势。很快，在他的率领下，德军相继占领了恩努菲利亚、马萨布莱加、阿吉达比亚、梅希里以及整个巴尔赛高原。至于前来援助非军的英国军队，在隆美尔的攻击下，不仅节节败退，还损失惨重，就连当时英军的指挥官都成了隆美尔的俘虏。也因此，隆美尔被称为“沙漠之狐”。

隆美尔率领的德军势不可当，一直往埃及方向进军，而英国士兵中约有3万人成了他的俘虏。也因为这些显赫的战功，隆美尔获封元帅。

1942年7月1日，又一个不好的消息传到了英国，非洲战场上新上任的司令官战死了。在这危急时刻，英国政府任命蒙哥马利为非洲战场的新司令，并即刻前往非洲。

1942年，随着英军在非洲战场上屡屡失利，蒙哥马利被任命为在非洲作战的由多个反法西斯国家组成的第八军团司令，前往非洲战场对战隆美尔。

蒙哥马利抵达非洲战场后，他立即对第八军团进行了整顿，接着分析敌情，给士兵灌输必胜的信念，并对隆美尔领导的德军展开了猛烈的攻击。在蒙哥马利的领导下，盟军屡屡获胜，彼时，隆美尔领导的德军节节败退，形势越来越不乐观。在一次战斗中，隆美尔受了重伤，只好回到德国治疗、休养。

在这期间，蒙哥马利再次对德军发动猛烈的进攻，将德军打得溃不成军。德军在非洲战场上失利的消息传到了希特勒的耳中，希特勒命令正在休养的隆美尔立刻前往非洲战场。然而，非洲战场大局已定，哪怕是有着“战神”之称的隆美尔，也无力回天。

1942年10月，隆美尔率领的德军再一次遭到了蒙哥马利的攻击。这次战役，德军遭到了毁灭性的打击，被反法西斯盟军歼灭了5万多人，彻底失去了反攻的能力。这一战也让蒙哥马利声名大噪，获得了“沙漠之鼠”的称号。

“沙漠之鼠”对战“沙漠之狐”，最后的胜利者是“沙漠之鼠”。隆美尔回到德国后，希特勒免去了他的职务，让他专心疗养。

值得一提的是，1944年7月20日，希特勒遭到了暗杀，不过这次暗杀并没有成功。但隆美尔却被指控参与了这次暗杀行动，理由是对希特勒免去他职务不满。

对此，希特勒给了隆美尔两个选择，一个是主动服毒自杀，那么便不会对外宣布他的罪行，会给其家属丰厚的抚恤金，并为其举行国葬；另一个是将他送往军事法庭进行审判。隆美尔选择了第一个。而希特勒也信守承诺，为他举行了国葬。

就这样，一代枭雄从此长辞于世。

悬尸街头的墨索里尼

贝尼托·阿米尔卡雷·安德烈亚·墨索里尼曾是意大利总理，他是法西斯主义的创始人，创立了意大利国家的法西斯党，也是第二次世界大战的元凶之一。这名法西斯独裁者的结局并不美好，他被枪决后，悬尸街头。

1883年7月29日，墨索里尼出生在意大利费拉拉省的一个名叫普雷达皮奥的小镇上。墨索里尼的童年是在这个小镇度过的，长大后，他去了别的城市读书。墨索里尼从小就是一个好战分子，喜欢与同学打架，有一次还因为打架被学校开除了。

后来，墨索里尼去了福林波波利的一所师范学校学习，并以优秀的成绩毕业。毕业后，他没有找一份稳定的工作，而是在世界各地流浪，并且从事了很多种工作，譬如代课老师、工厂短工等。

1905年，墨索里尼回到了意大利，加入了社会党，成为一名新闻记者。之后，他被征召入伍，但又因受伤而退伍。

1919年3月，意大利发起了一场法西斯主义运动，墨索里尼被法西斯理念深深吸引，并加入到运动中，1921年建立了意大利法西斯党，而他则是该党派的首领。随着法西斯党的势力越来越大，墨索里尼的野心膨胀起来，他组织了武装力量，推翻了当时的政府，获取了政权，他也被任命为总理。

墨索里尼是一个独裁者，在他统治期间，彻底贯彻法西斯主义，剥夺其他政党的权力，将意大利变成了一个彻底的法西斯国家。他疯狂地扩张军队，屠杀反对法西斯主义的人民。并且，他还鼓吹沙文主义和种族主义，对外发动侵略战争。

1923年，墨索里尼授令意大利法西斯军队侵占了科孚岛。从1934年起，开始入侵埃塞俄比亚、西班牙、阿尔巴尼亚。1937年，墨索里尼统治的意大利与德国和日本签订了《反共产国际协定》。随后，与德军入侵捷克斯洛伐克和法国。

随着反法西斯联盟军越来越壮大，意大利军队被攻击得连连败退，而墨索里尼的政权也岌岌可危。

1943年7月，意大利国王埃曼努尔三世召见墨索里尼，勒令他辞职，墨索里尼则被软禁。之后，墨索里尼被希特勒救出，建立了一个听命于希特勒的傀儡政府——萨洛共和国政府。

1945年春，在反法西斯同盟军的联合攻打下，德军溃不成军，驻守在意大利的德军，不是选择投降，就是逃离了战场。墨索里尼见大势已去，就带着自己的情妇逃亡了。不过，在逃亡途中遇到了反法西斯同盟的游击队，最终他们成了俘虏。

1945年4月28日，墨索里尼和情人在科莫省梅泽格拉被执行了枪决。他们死后，尸体被运送到了米兰，倒吊在洛雷托广场上。

墨索里尼的一生就此落下了帷幕。

值得一提的是，墨索里尼执政期间，也有所贡献。譬如在文化上，他创办了世界上第一个国际电影节，即威尼斯国际电影节。这个电影节促进了电影行业的发展，加强了各国电影人的交流和合作。所以，墨索里尼也被人们称为“国际电影节之父”。在市政建设上，墨索里尼也极其用心，他花费了20多年重建意大利，为意大利修建了新火车站、疗养院、学校等公共设施。时至今日，许多设施还在使用中。

畏罪自杀的希特勒

阿道夫·希特勒是纳粹德国的元首、总理，是第二次世界大战的发动者。不过，这个法西斯独裁者的结局并不好，在德国战败后，以畏罪自杀的方式为自己的人生画上了句号。

希特勒于1889年4月20日出生在奥地利布劳瑙。小时候的希特勒梦想着成为一名画家，但他的父亲却希望他能成为一名公务人员。正是因为希特勒的父亲将自己的意志强加于希特勒的身上，导致希特勒不再好好读书，中学就辍学了。之后，希特勒过着一边流浪，一边画画的生活。在这段岁月里，他对政治突然产生了兴趣，并逐渐成为一名民族主义和反犹主义的狂热信徒。

在第一次世界大战爆发后，希特勒主动加入了德军。他在“一战”中参加了数场战役，并在这些战役中表现英勇，从一名传令兵晋升为上等兵。

1919年，希特勒接到了一个任务，他的上司让他去查一个名叫“德国工人党”的组织。这个组织的纲领是社会主义、国家主义、反犹主义，这令希特勒非常感兴趣，并在组织开会时发表了自己的看法。也因此，希特勒被该组织邀请入党。而希特勒经过一番思索后，决定加入。

在此期间，希特勒尽心尽责地宣传、筹谋，令这个党派的成员越来越多，规模越来越大，也越来越有影响力，而希特勒也被任命为宣传部长，尝到了掌握权力的甜头。“德国工人党”也就是后来的“纳粹党”。之后，希特勒继续壮大纳粹党，先是成为纳粹党的首领，后又一跃成为德国元首。这期间，他逐渐建立了自己的军队势力，这为之后的第二次世界大战做了铺垫。

1937年，为了解决德国的生存空间问题，希特勒开始了他的入侵计划，为他的野心拉开了序幕。奥地利和捷克斯洛伐克是希特勒的第一个目标，在他的带领下，德军很快就占领了这两个国家。后来，希特勒又入侵了波兰，并成功地占领波兰。与波兰签订了共同作战协议的英、法两国，被迫向德国宣战。由此，第二次世界大战正式爆发。

此后，希特勒和他带领的德军横扫西欧诸国，后又全面入侵苏联。而这个时候，反法西斯国家也逐渐齐聚，成立了反法西斯联盟。在反法西斯同盟军队的攻击下，德军节节败退，并在1945年被打回了德国本土。

希特勒在看到大批德军选择投降时，就知道自己大势已去，他为了选定新的继承人，下令逮捕投降的德军将领，勒令德国士兵们抵抗到底。

在这一年4月29日，希特勒决定与自己的情妇爱娃·布劳恩结婚，并于这一天举行了婚礼。婚礼是在地下室举行的，而地上却是轰隆隆的炮火声。

希特勒不愿成为俘虏，他害怕自己和爱娃被处死后，尸体会被反法西斯同盟拉出去示众。所以，在结婚后的第二天，他开始实施自己的死亡计划。他让自己的亲信买来了毒药，将自己的爱狗毒死。之后，他和自己的部下告别。返回自己的办公室后，他对自己的亲信说，在他死后要焚烧了他的尸体。

没多久，希特勒就持枪自杀了。而他的情妇爱娃，也喝下了毒药死去。亲信按照希特勒的嘱咐，焚烧了两人的尸体。

5月8日，德军已经穷途末路、无力抵抗，最后选择了无条件投降，并签下了投降书。这一天意味着第二次世界大战以反法西斯同盟军的胜利而告终。而希特勒和他称霸世界的美梦，从此一同长眠不醒。

值得一提的是，苏联对希特勒的死抱有怀疑，他们怀疑被焚烧的尸体并不是希特勒和他的情妇爱娃，而是希特勒找来的替身。至于希特勒，一定是逃去某个地方，还好好地活着。不过，希特勒的亲信们坚决表示，尸体就是希特勒和爱娃的。

时至今日，人们依然对希特勒之死保持怀疑。

蘑菇云下的阴影

第二次世界大战的枪声打响后，希特勒为了完成自己称霸世界的美梦，勒令军部研制新型武器。这种新型武器利用了最新的原子学理论，破坏力空前绝后，只要投放一颗，就能将一个小镇夷为平地。这种毁灭性极强的武器，就是赫赫有名的原子弹。

1939年，德国研制原子弹的消息被逐渐传开，令欧洲大陆感到惶惶不安。这个时候，大量被法西斯迫害的科学家，也逃亡到了美国。这些科学家笃信，如果希特勒研制出这种武器，全世界将满目疮痍、战火连天。

在众多科学家的提议下，由著名的科学家爱因斯坦写了一封信给当时的美国总统罗斯福。信中阐明了这种武器的基本原理以及威力。此外，信中还表明了对地球、人类未来的担忧。在信的结尾，迫切希望美国政府能在德国之前先研制出来，达到压制德国的目的。

当时，美国鲜少有科学家在研究原子学，即便是有研究，知晓的也很少。不过，罗斯福对此很重视，他听从了爱因斯坦的建议，成立了研究原子弹的特别委员会，由当时的美国陆军工程兵团建筑部副主任格罗夫斯主持。

格罗夫斯邀请了许多杰出的科学家加入，并制订了“曼哈顿计划”。经过商议，美国政府决定在新墨西哥州的荒原上建立原子弹实验室，并且整个工程都处于最高级的保密状态，连当时的副总统杜鲁门都不知道。

在美国研制原子弹期间，德国的研制有了很大的进展。对美国来说，这不是个好消息。所以，为了拖延德国研制的步伐，美国派兵炸毁了德国研制原子弹的军工厂，销毁了德国制造原子弹的原材料。这次行动，美国达到了目的。此外，为了防止德军暗中进行研制，美国政府还特地成立了一个调查组，专门调查德国研制的进度，收集原子弹制造过程的情报信息，并时常对德国的研制小组进行干扰。

很快，德国研制的进程就落后于美国了。美国科学家们经过不懈努力和实验，终于研制出了原子弹，并于1945年7月16日，在新墨西哥州进行了首次试爆。

当原子弹从高空投下地面时，一声巨响划破了天空，大地一阵晃动，地面瞬间升起一团蘑菇云，蘑菇云内包裹着火焰。等蘑菇云散去，被投放原子弹的地面炸出了一个大坑，坑内散落着大大小小的火焰。

“我们成功了！”美国科学家们欣喜若狂地抱在了一起，这一刻也意味着美国将成为超级强国。

此次美国共研制出三颗原子弹，分别取名为“瘦子”“胖子”和“男孩”。

原子弹研制成功时，罗斯福竞选失败，由竞选成功的杜鲁门任美国新总统。杜鲁门为了报复日本偷袭珍珠港，决定对日本投放原子弹。当然，他也有其他目的，譬如提高美国在国际上的地位，震慑其他大国，等等。于是，“胖子”和“男孩”这两颗原子弹被美军运送至日本。

美国政府为了避免日本大量的无辜人民死在原子弹的威力下，曾通知日本政府，勒令日本无条件投降，否则便投放原子弹。对此，日本政府选择了忽视。美国没有得到日本的回复，于是进行了投掷行动。

在投掷之前，美国根据日本的天气状况，选定了几个投放地点，分别为：京都、新潟、广岛、小仓和长崎。最终确定投掷地点为广岛和长崎，因为广岛有日本的军事基地，而长崎是日本重要的港口工业城市。

1945年8月6日，由美军经过特训的飞行员驾驶飞机携带两颗原子弹飞到了日本广岛的上空。“男孩”被投放的时间是当天夜里，多数日本居民还在睡梦之中。在“男孩”接触地面的那一刻，“轰”的一声，蘑菇云瞬间蹿上高空，造成了日本数十万人的死亡。

8月9日，美军在日本长崎投放了第二颗原子弹“胖子”，这一次原子弹爆炸的威力远没有“男孩”强，因为长崎处于谷底，令原子弹的威力不能充分发挥。但是，也造成了当地数万人的死亡，大片建筑倾塌。

日本在美军原子弹的威慑和苏军的猛攻下，最终选择了投降。

如今，广岛和长崎已经走出了原子弹带来的阴霾，到处都是高楼广厦。不过，这两座城市依旧能起到警示人类的作用。

恶魔时代的结束

反法西斯大联盟成立后，越来越多的反法西斯国家加入。同盟军协作互助，将纳粹德国打击得毫无还手之力，而作为法西斯轴心国的意大利，也被攻打得狼狈不堪。至于在太平洋战场上的日本，还在与美军打一场死不投降的持久战。

在波茨坦会议结束后，中美英三国发布《波茨坦公告》，敦促日本政府无条件投降。当时的美国总统杜鲁门表示，如果不投降的话，将会向日本投放杀伤力、破坏力极强的原子弹。

日本政府看到《波茨坦公告》后，作战的决心开始动摇，因为当前战场上的形势对日军很不利，战败是早晚的事，并且美国研制出的原子弹，也对日本产生了震慑。到底是否要选择无条件投降？为此，日本政府高层召开了一次会议。

在继续作战和选择投降上，日本高层产生了分歧。以外交大臣为首的高层选择投降、求和，以陆军司令为首的高层选择继续作战。

当然，虽然两股势力产生了分歧，但不妨碍他们对己方势弱的认知。经过一番激烈讨论，日本主和派提出了三个投降的条件：首先，反法西斯同盟国只能在日本驻扎少量士兵；其次，日本的战犯由日本自己审判；最后，日本的军队由日本自己解散。

尽管同意主和的大臣占绝大多数，但日本的军权却是掌握在主战派手中的。主战派大臣考虑到日本军队人数尚多，军事装备不弱，依然抱有胜利的侥幸心理，所以最终选择继续作战。

在日本政府为“降”和“战”争论时，美国政府已经失去了耐心，所以还没有得到日本的答复，就派遣战斗机携带两颗原子弹前往日本，并在日本的广岛和长崎投放，令日本人死伤无数，损失巨大。

与此同时，苏联也加快了对日作战的步伐，同中国军队一同对战日军。不到一个月的时间，就将日军赶出了中国东北地区。

面对美国原子弹的威慑，以及苏联军队同中国军队的步步紧逼，日本政府的态度越来越趋向投降。同一时刻，美国又向日本发出了一条公告，即日本投降之后，盟军最高司令部将代替日本天皇和日本政府行使对日本的管理权。

这条公告引起了主战派的不满。但当时的裕仁天皇，已经决定了投降。在日本天皇拟写投降书的当晚，主战派发动了兵变，企图占领皇宫和日本的广播电台，但却以失败而告终。而发动兵变的最高将领阿南陆相也畏罪自杀了。

1945年8月15日，日本通过广播电台，向全世界宣布了投降，这一刻意味着第二次世界大战正式落幕。

1945年9月2日，日本在战舰“密苏里号”上进行投降仪式。前来参加投降仪式的共有10多人，以代表日本皇室与日本政府的外相重光葵、代表日本军方的参谋总长梅津为首，反法西斯同盟军的主要代表有美国的麦克阿瑟将军、中国的徐永昌将军，等等。

仪式开始后，麦克阿瑟播放了美国国歌，接着进行了一番演讲。随后，日本代表依次在事先准备好的投降书上签了字。投降仪式结束后，日本代表回到了皇宫向天皇复命。日本天皇也立即向日本人民宣布了投降的消息。

值得一提的是，日本也在中国举行了投降仪式，并签订了投降书。那一天是1945年9月9日。

维护世界和平——联合国

联合国是一个国际组织，它成立于第二次世界大战之后，致力于促进各国在国际法、国际安全、经济发展、社会进步、人权，以及实现世界和平等方面的合作，同时也致力于各国间科学、文化方面的交流与合作。

时至今日，联合国已经有193个成员国、2个观察员国，它一直在积极地发挥着作用，为维护世界秩序而奋斗。那么，联合国是怎么成立的呢？它又是如何一步步地发展壮大的呢？这要从第二次世界大战说起。

第二次世界大战爆发后，法西斯国家展开了疯狂的侵略行动，地球上到处燃起了战火。许多国家为了自身利益渐渐汇聚在一起，组成了反法西斯大联盟。当时，各国领导人都在思索，要不要建立一个国际组织来维护世界的和平？

其实，在“二战”之前，就已经有了维护世界和平的组织——国际联盟。这个组织是美国总统威尔逊在第一次世界大战结束后提出的，它存在的目的是促进国际合作，维护国际和平。当时，共有40多个国家加入了该组织。可惜的是，每次国际联盟召开会议时，不少大国都会缺席，渐渐地，国际联盟发挥不出作用，沦为一个摆设。

到了“二战”时期，美国总统罗斯福又提出了建立一个维护世界和平的国际组织的建议。而“联合国”这个名称，也是由他设想出来的。罗斯福对这个组织做出了三个设想：第一个设想是能有效地维护世界和平；第二个设想是美国能起到领导的作用；第三个设想是新建立的国际联盟组织不能再走上国际联盟的老路，最后沦为摆设。

1942年，26个反法西斯同盟国代表在华盛顿签署了联合作战协议——《联合国家宣言》。这是“联合国”说法首次被正式采用。

1943年，苏联、美国、英国和中国在莫斯科召开了会议，会议中四国一致赞同尽早建立一个维护世界和平的国际组织。

1944年，在美国华盛顿召开的敦巴顿橡树园会议上，联合国蓝图首次被绘出。在此次会议上，美、苏两大强国为争取联合国组织里的权力分配而争论不休，最后决定美国、苏联、中国、英国、法国为五个常任理事国，这五个国家拥有“一票否决权”。

雅尔塔会议后，英、美、苏对外宣布了该组织的设想和建立该

▲ 纽约曼哈顿联合国总部

组织的决心。1945年4月25日，50多个国家齐聚美国旧金山，参加了联合国家国际组织大会，并起草了《联合国宪章》。10月24日，经安理会五个常任理事国和众多签署国的批准，《联合国宪章》正式生效，联合国正式成立。

联合国的总部设在了美国纽约的曼哈顿区，发展到今天，它有着自己的徽章、旗帜和国歌，同时，它存在的宗旨也越来越完善。未来，联合国将继续发光发热，以维护世界和平为奋斗目标。